時間管理大師

馭時間做自己

蔡賢隆，姚俊 著

拖延症處方箋，面對理直氣壯的薪水小偷，請施打一劑特效藥

【化壓力為助力，創造超強行動力】

◎提供策略重塑時間觀念，讓自己成為時間的主人

◎挑戰時間管理的迷思，引導正確分配與利用時間

◎介紹實用技巧，助讀者提高效率並快速達成目標

從價值觀出發，強調以明確目標指導有效時間使用

結合案例，教導如何在壓力中找到時間的彈性與平衡！

目錄

Contents

Contents

「我現在這樣滿好的」——你，真的很好嗎？

前言

如今，很多人每天忙碌得好像是飛速旋轉的陀螺，但是卻沒有收穫；而那些成功者總是顯得如此清閒，時常有空打一場高爾夫球、喝一杯咖啡，整天悠哉悠哉。

我們每個人都要明確自己的使命，懂得把總體的目標化整為零，每天也需要精心計劃好一天的事情，要有所選擇，懂得放棄，能夠把最重要的事情放在第一位，千萬不要為了小事而浪費時間。

時間是世界上最充分的資源，但也是世界上最稀缺的資源。成功者都是管理時間的高手。

管理時間是有訣竅的，時間管理的優劣必將直接影響到企業的業績以及個人的生活品質。如何管理好時間，這已經成為了日常工作、生活當中最重要的事情。

約瑟夫·坎伯（Joseph Campbell）有句名言說得好：「你花了一生的時間爬梯子並且終於達到頂端的時候，卻發現梯子所架的並不是你想上的那堵牆。」

你有沒有想過你準備爬，或者是正在爬的梯子是否是你想上的那堵牆呢？如果不是，那麼回頭是岸；如果是，那你就奮力攀登吧。

我們每一個人，不管是準備求職，或者是已經就職的朋友，你是否真正用對了時間，管理好了我們生命當中最寶貴的時間呢？

特別是在現在這樣一個急劇變革的時代，我們每個人不得不面對同樣一個問題：你應該如何管理、處理、使用你所擁有的時間，並且合理安排好時間，更進一步設計未來的人生，登上你夢想的最高峰呢？

身在職場，很多已經功成名就的人往往會出現兩種心理：一種是趁著事業如日中天再為自己添一把柴火，使其人生事業之火燒得更旺；而另一種就是覺得在這些打拚的日子裡確實吃了不少苦頭，現在可以好好躺下身子歇歇，做起事情來也開始拖拖拉拉，事業也就每況愈下。

當然，從理性方面來看你的內心是絕對不會選擇後者的，但是，人天生具有一種「惰性」，當你懶惰的時候，你會找出各式各樣的藉口來拖延辦事的時間。

本書的核心就是要教導讀者分辨出事情的輕重緩急，排列出優先順序，能夠用好有限的時間，把事情做對、做好，並且是以積極主動、自動自發的態度，這樣，成功盡在掌握之中。

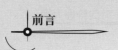

第一章 誰偷了我的時間

「我現在這樣滿好的」，你真的很好嗎？

生活中有很多人非常安於現狀、不求上進，總是用「我現在這樣滿好的」來搪塞別人的勸說上進，其實「如人飲水，冷暖自知」。這個社會要求我們，抓緊時間完善自己，去擁有更多的成就！

你的身邊有這樣的人嗎？他們非常努力，收穫卻很少。當你勸進他們應該更加上進，獲得更高的成就時，他們只拋來一句簡單的：「我現在這樣滿好的啊！為什麼要更加上進呢？」這種人只知道前進，卻沒有更高的抱負，沒有更高的追求，結果只能被時代所遺棄。

李響和林英一起進入某雜誌社的兩個部門工作，李響和在廣告部負責與客戶接洽廣告業務，林英在排版部負責雜誌的排版設計。

李響性格比較外向，喜歡和客戶交流，於是靠著自己的靈活應變和勤勞，迅速與客戶搭建了長久的合

作關係。隨著社會閱歷的增加，李響更為自己設定了更長遠的職場規劃。而林英正好跟李響相反，他性格非常內向，在做排版的時候總是戴上耳機，完全活在自己的世界中，下班回到家裡看看小說、玩玩遊戲，薪水比李響差得遠了。

因為一起進入雜誌社，兩人很有默契也成了無話不說的好朋友，進入公司兩年後，李響不止升遷，並且薪水也調漲了幾次，而林英還是老樣子。有很多次，李響憑著自己三寸不爛之舌遊說林英加入到銷售的行列中來。林英總是一副無所謂的樣子，嘴裡總是說：「你看我現在不錯啊！薪水雖然不多，但是足夠我的開銷，而且省一點的話還能存下一些錢呢……。」

可是在李響看來卻完全不是那麼回事，所以在這個時候，李響總是會說：「好什麼啊？錢這種東西越多越好，你想想以後需用錢的地方還很多呢，你應該賺更多的錢以備不時之需！」

雖然李響費勁口舌的勸說林英做銷售，但林英始終不為所動。兩年後因為經營不善，雜誌社被更大的出版單位收購，雜誌社的員工都面臨著裁員的結果。但是因為自己的努力，李響建立了廣泛的人脈，因此馬上找到了工作。林英的命運剛好相反，在雜誌社任職期間，林英不思進取，最後沒辦法只好回到老家，隨便找了一份工廠的工作。

農民在犁地的時候，不願意找那些只知道低頭拉車往前走，卻不願意抬頭看看路的牛，這樣的牛雖然貌似犁得很直，但事實上因為不抬頭看路，犁地的時候經常會脫離原來的軌跡。要知道，方向永遠比勤懇更重要。正確的方向會促使我們事半功倍，而錯誤的方向是導致我們事倍功半的罪魁禍首。

而故事中的林英就像是這種犁地不抬頭看路的牛，只知道埋頭工作，卻不知道正是「我現在滿好的」讓他看不到危機，即便再有吃苦精神，人生沒有方向，始終都會被社會淘汰。我們總說「人無遠慮必有近憂」，不要總拿「我現在滿好的」來當做不需要進步的擋箭牌，你確定你真的很好嗎？

在任何人的眼中，比爾蓋茲的成功無可複製，但是我們可以從他的身上吸取成功的經驗。了解比爾蓋茲的人都知道，從一九八〇年代開始，比爾蓋茲養成了一個奇怪的習慣，那就是「閉關」，他會在每年的上半年和下半年各選一週，專門「閉關」，從不過問公司的狀況。

據說在為期一週的閉關時間內，比爾蓋茲住在一棟自己的別墅裡，不見任何人，完全沉浸在自己的世界裡。雖然在這閉關的一週內，比爾蓋茲既不見任何人，也不處理公司的事務，但是他卻會利用這一週的時間，拜讀成功人士的傳記，並且反省自己這半年的工作狀況，制定接下來這半年的工作計畫。也許正是這種閉關思考的舉動，從一定程度上鑄就了比爾蓋茲的與眾不同。

試想，連比爾蓋茲都不曾完全沉浸在自己的成功與安逸之中，我們更不能迷失在「我現在這樣滿好的」狀態下。

俗話說：「活到老，學到老。」意在告訴我們，隨著時間的消逝，我們不能被歲月所囿，應該時時充實自己、完善自己。在現在這個變化很快的時代，房價可能在短時間內漲幅很大、某一種高科技會突然實驗成功……在我們所不了解的領域中，一瞬間皆可能會發生很多事情。

想要適應這個社會，跟上這個社會的步伐，我們必須抓緊一切時間充實、完善自己，並且要警惕別沉浸在「我現在這樣挺好的」狀態之下，這種安逸的想法勢必會導致我們被這個時代所拋棄。

「還有時間，明天再做吧」

如果你一直期待明天完成手頭的事務，那麼你的明天一定不會到來。時間是寶貴的，不能虛度年華。可是生活中不乏有人生活在拖延之中，他們遇到棘手的事情不是馬上想辦法去解決，而是寄希望於明天。這種行為是非常危險的，如果在第二天換了一種思路來解決還好，但是如果過分依賴明天，勢必會影響到自己的生活和工作。

萬伶瑄是一名廣告企劃，入行已經三年了，但最近客戶的要求越來越多，雖然公司會定期送她參加各種培訓，但是應付起來難免有些疲勞。在近兩個月來的工作中，萬伶瑄總是找不到靈感，上司向她要企劃案的時候，萬伶瑄總是說：「別著急，客戶不是後天才來看嗎？還有明天呢！明天再說！」

一開始萬伶瑄還能在客戶來之前把文案搞定，但是時間長了之後，萬伶瑄開始過分依賴起「明天」，上司交代下來的工作，不到最後一秒，萬伶瑄從不會打開。

一次為了爭取一個大客戶，上司要求萬伶瑄馬上企劃，第二天之前一定要交給他，誰知萬伶瑄把上司的話當成了耳邊風，依然我行我素。結果第二天又沒有及時交出企劃案，導致公司與這位大客戶失之交臂。公司因此流失掉了一個將近百萬的案子，萬伶瑄也非常內疚，並且交了檢討報告。但即便如此，公司依舊辭退了萬伶瑄。

生活中的你跟萬伶瑄一樣總是期待明天嗎？如果答案是肯定的話，那麼你就危險了。要知道若是一味把「還有時間，明天再做吧」掛在嘴邊，會在無形之中過度消耗你的時間，更會悄悄改變你的行為準則，長此以往你的效率將蕩然無存，影響自己的工作和生活。

古人陶淵明曾作詩：「盛年不重來，一日難再晨，及時當勉勵，歲月不待人。」世界上最無情的就是時間，它會毫無感情地帶走我們的每一天。但是時間卻又是多情的，它給了我們生命，讓我們用時間來創造價值。當然這一切都仰仗於我們自己本身，我們要有效管理自己的每分每秒。

樹林裡迎來了新的一天的日出，烏鴉歡快的來到喜鵲的家門口，扯著嗓門大喊：

「喜鵲姐姐，快點起床啊！我們去捕食吧！」

喜鵲被烏鴉難聽的聲音叫醒，很不耐煩的嘟囔著：

「你是誰啊？我還沒睡夠呢，我要再睡會兒，別來吵我！」

聽說喜鵲還沒醒，烏鴉繼續大聲喊：

「喜鵲姐姐，快點起來吧！一日之計在於晨，我們應該利用這美好的早晨去捕食，這樣一整天才會有吃的啊！」

「我不是說了我還沒睡夠嗎，等我睡夠了自然會去捕食的，你先去吧！我要再睡一下……。」喜鵲說完，回到夢鄉裡，烏鴉只好獨自去捕食。

夕陽西下，捕食回來的烏鴉收穫頗豐，途經喜鵲家門口的時候，看到喜鵲雖然醒著，卻在床上發呆，烏鴉說：

「喜鵲姐姐，妳醒了吧！再不去捕食，妳晚上吃什麼啊？」

「不去，不去……我的食物還夠我吃，明天我再去捕食。」

聽完喜鵲的回答，烏鴉只好回到了家裡，第二天早上依舊去敲喜鵲的房門想跟牠一起去捕食。誰知得到的回答依舊是「我的食物還足夠，我明天再去捕食。」不久，森林的雨季來了，在這樣的雨天裡很難找到食物，於是烏鴉留在家裡，享受著這幾天捕來的食物。

中午的時候喜鵲來到烏鴉的家中，向牠討點食物。原來喜鵲的食物吃完了，本來想今天去捕食的，可是偏偏遇上了大雨，於是飢餓不堪的喜鵲不得不向烏鴉求助。

雖然是一個小寓言故事，但是我們依舊可以從中悟出道理：「我們必須珍惜當下。古今中外無數成功人士，沒有不珍惜時間的，更沒有人一味寄希望於明天。」

班傑明曾說過：「你珍惜生命嗎？那麼請不要浪費時間，因為時間是組成生命的條件。」文學家魯迅也說過：「時間就是生命。無端空耗別人的時間，其實無異於謀財害命。」德國詩人歌德把自己的時間稱為自己的財產，無獨有偶，法國文豪巴爾札克更把時間比作資本，以說明時間的價值。

我們知道「一寸光陰一寸金，寸金難買寸光陰。」無論是昨天、今天還是明天，時間都是公平的，只要你去珍惜的話都會創造出價值。但是每一天又有所不同，昨天已經過去，我們應該從中總結經驗教訓；明天還沒到來，我們只能做好計畫迎接它的來臨；我們最應該珍惜的就是當下，今天既是昨天的終結，也是明天的基礎。只有打下「今天」這個堅實的基礎，才能做好很多事，擁有一個更美好的明天。

「我每天都很忙，卻不知道在忙些什麼」

如果你每天都忙碌不堪，卻毫無效率可言，這種狀態非常可怕。如果你想要擺脫這種狀態，那麼就請尋找目標吧！

現在很多人打電話的第一句是：「喂，你現在忙嗎？」而接起電話回答的第一句是：「我現在很忙，等一下再說！」顯而易見，這是一個忙碌的世界。「忙嗎」不僅取代了「你好」成為問候，更成為大家見面的談資，代表了現代人的普遍狀態，如果誰不忙那簡直令人驚訝。

在這個高速運轉的時代裡，競爭成了人們之間的日常行動準則，忙碌竟也成了現代人的生活常態。一項對白領的調查顯示：「九成的白領每天都處於異常忙碌的狀態，其中有將近一半的白領將下班時間也奉獻給了工作。」這項調查不禁令人發出這樣的疑問：「白領有那麼忙嗎？他們每天都在忙些什麼呢？」

更有意思的一個調查結果卻顯示，將近九成的白領雖然每天都圍著工作轉，但是他們居然不知道自己在忙些什麼，每天上班打卡之後，上司交代什麼工作，就馬上去執行，呈現的是一種「瞎忙」的狀態。這種每天「瞎忙」的白領，被稱作「職場瞎忙族」。這個族群的特徵有兩點：一是每天都在忙，卻不知道這樣忙的意義何在？二是沒有工作的目標，殊不知沒有目標，怎能不瞎忙呢？

陳華去年就已經參加過研究所考試，他還記得自己沒被錄取是源於數理能力科目的失利，差了幾分。陳華不甘心，今年還要考研究所，於是早在三月就開始了複習。

陳華完全把自己閉關起來，每天早上六點準時起床唸書，中午快速吃完飯，休息一會又繼續複習。就連接到家人和朋友的電話，陳華都不肯多說幾句話，總是問候幾句就馬上掛了電話，繼續複習。可是好事總是一波三折，陳華第二次參加研究生考試又失敗了，這次是在英語上慘遭滑鐵盧。

陳華很苦惱，不知道這是為什麼？有一個一起考研究所的同學今年考取了理想的科系和學校，陳華找到她，想要了解一下彼此複習上的差距有哪些。

聽完陳華的敘述和問題之後，那個同學一語中的指出，陳華之所以每天埋頭複習卻一無所獲，完全是因為在陳華的腦子裡根本沒有一個考上研究所的目標。這從陳華兩次報考的學校就可見一般，第一年考研究所的時候陳華沒什麼經驗，只是憑著心中的自信報考了最高學府臺灣大學，這顯然是一種冒險的行為，要知道想要考入這所學校簡直比登天還難。而第二年，陳華降低了要求想要考取某科技大學，這又過分降低了他的鬥志，導致考試失敗。

那位同學最後對陳華說：「無論你想要考取哪所學校，一定要確定自己想要什麼，沒有目標只是埋頭複習，結果當然是連年失利了。」

故事中那位同學的話不止對陳華有幫助，對現代社會上的所有人也都是有所啟發的。在這樣急速運轉的社會，「忙」成了每個人的標籤。毋庸置疑，「忙」本來是好事，世界上所有的老闆都不希望自己的員工無所事事，都樂於見到員工呈現一種忙的狀態。但是忙也要忙出自己的效率，不要盲目的忙。如果你單純只是忙得廢寢忘食，最終只會得到反面的效果。

試想一下，一旦你一直盲目的、沒有目的忙下去，也許你的一生都要一直這樣下去了。當你的同學中出類拔萃者坐擁千萬的時候，你卻依舊在小康階段掙扎，這樣情何以堪？只有在八小時工作時間之中創造最大效率的那個人，才能獲得更高的生活品質、更高的職業成就。

既然目標的有無決定了結果，目標清晰的人忙出收穫、獲得成就，目標模糊的人卻一直瞎忙，一事無成。那麼怎樣才能明確目標，擺脫「瞎忙族」的稱號呢？

第一，我們要重視目標

我們常說影響一個人的成長和成就的「三觀」，即世界觀、人生觀和價值觀，其實還有一項特別重要的決定性因素，那就是目標。很多人知道目標，但鮮少有人能重視目標的存在。一個人的目標並不是單純的化為行動就好，尤為重要的一點就是在要意識形態中得以展現。只有重視目標的存在，才會在接下來的行為中展現出來。無論是生活還是在工作中，對目標的管理決定了你的時間管理是否有效。

第二，要制定目標

我們的目標可以很抽象，因為我們常摸不透自己的目標。但是不可否認的是我們的目標也可以是很具體的，只要努力，目標就能實現。當然首要的一個前提就是我們要制定目標，一個切合實際的目標。有的人將目標定得過於寬泛，先不論實現起來有多困難，讓人聽起來就覺得是天方夜譚。所以目標必須是具體而明確的，在我們的腦海中一定要清晰可見，這樣才會增大實現的可能性。

第三，我們要有實現目標的力量

這份力量包括實現目標的技巧和信心兩個方面。做事講究策略跟方法，「條條大路通羅馬」，能達到成功的方法有很多，但是要想快速完成目標，我們必須選擇捷徑。只有向實踐取經，我們才能獲得完成目標的最佳途徑。而在實現目標的過程中，很多人都害怕會遭到周遭人的譏諷，這就需要我們時刻保持自信，相信自己才能給予自己力量。只有做到以上三點，才能成功樹立目標，擺脫「瞎忙族」的稱號，從而把事情做好。

「我做事有點慢」，你真的快不起來嗎

很多人說「我做事有點慢」，你是真的快不起來嗎？有的人天生性子慢，做事慢；而有的人則是由於精神不集中，才導致效率低下。

同樣是一份工作，有的人能夠迅速完成，而且品質兼顧；而有的人卻比人慢半拍，品質上也沒有保證。這是為什麼呢？你可能會說這是由於個人能力的懸殊造成的差異，其實，很多時候似乎是主觀的因素在主導你做事的速度。

為什麼有的人能在工作中創造出較高的效率，而有的人卻視「效率」為大敵呢？關鍵的因素就是後者忽視了目標的重要意義，或者偏離了實現目標的軌道。

十三世紀時，英國有一位親王性格乖戾。春天到來的時候，他決定前往自己的一棟別墅度假，於是就帶上隨從和車馬費便出發了。他的那棟別墅在西方，可這位性格乖戾的親王卻偏偏要車夫向東行駛。下屬中有人便勸諫這個親王說：

「親王殿下，難道您忘了嗎？您的別墅在西方啊，為什麼您要車夫向東駛去呢？」誰知道這位親王的回答竟然是：「我有的是錢，只要車夫的技術好，總有一天我會抵達我的別墅的。」於是這位親王不顧隨從的勸諫，固執的往東出發。

這個故事與中國古代「南轅北轍」的故事有些相似，故事中的主角們都不能快速抵達自己的目的地，這是因為他們選擇了錯誤的方向、目標、路線和策略。

我們知道一件事情要圓滿完成，第一，一定少不了目標的推動力，目標是你的航標，依照它的指示，你看到了正確方向，便會加足馬力前進。第二，就是做事的策略和方法，這決定了實現大目標的前進速度。按照這兩個方向去做思考，你的速度慢下來是因為什麼呢？究竟是缺少目標的激勵，還是策略的缺乏呢？

陸遜和李斯川是兩名考古人員，他們常年跟隨導師走訪各大古墓，進行考古發現。一次他們來到某個小村莊進行考古，在這個小村莊剛剛發現一座戰國大墓，陸遜和李斯川分別來到這座大墓的東西兩側，開始考古工作。

在考古探索的過程中，陸遜用探鏟發現某塊地質的土質有些不同，依照自己的經驗，陸遜判斷這塊土質下面應該是大墓主人的棺槨所在，於是陸遜馬上找來了工具準備挖掘工作。在拿工具回來的路上，陸遜在這座墓旁邊意外發現了幾件精美的玉器，陸遜一直對玉器有所研究，於是蹲下身來研究起來。

誰知道就在陸遜研究玉器的時候，李斯川也找到了這座大墓主人的棺槨所在區域，就在他準備挖掘的時候發現了陸遜的器具。他想原來陸遜已經開始挖掘棺槨，那我就去挖掘其他地方吧！可是李斯左右四顧卻沒發現陸遜的身影，想起導師曾經說過，考古要注重第一現場，要敢第一個吃螃蟹的人。秉承導師的教導，於是李斯川便決定自己先去挖掘棺槨。

陸遜回到棺槨現場後也加入到挖掘的過程，但是速度遠不及李斯川，因為陸遜總會被墓旁邊的精美隨葬品所吸引。

從這個故事中我們不難發現，即使成功的結果都是一樣的，但是有的人能早一步獲得成功，有的人卻永遠慢半拍。李斯川任何時候都不會偏離自己的目標，他的目標只有一個——早點完成任務，挖掘到大墓主人棺槨。在這一方面，陸遜顯然要弱一點，他的注意力總是被其他的事物所吸引，因此不能迅速把事做好！如果你平時做事很慢，那就要問問自己，是不是經常偏離目標。

如果你經常偏離自己的目標，就要自己反省是什麼造成這種現象的。經過研究，專家發現偏離目標有三個誘發因素：一是目標過高，超出個人的能力範圍；二是目標過低，根本不能起到激勵的作用；三是目標毫無意義，展現不了任何價值。

當你的目標過高，超出你的能力範圍時，可能會導致你喪失信心，並且失去做事的一貫水準；反之，如果你的目標過低，對你並沒有挑戰的作用，你沒有了征服目標的欲望，便會導致你效率低下；當然若是你的目標根本毫無意義的話，這本身就喪失了完成它的意義。正確的目標是開啟成功的鑰匙，更是提高做事效率的法寶。

如果因為沒有目標而拖慢你成功的腳步，那麼此刻的你就應該制定適合自己、切合實際的目標；如果在實現目標的道路上，你經常會偏離原來的軌道而導致效率低下，那麼就請你分析一下你的目標是否值得去實現。

古今中外的成功人士，都是高效而迅速締造成功的，只有目標和速度並駕齊驅才能獲得成功的青睞。要想在工作中快人一步的把事情做對，請將你的時間和注意力轉移到更有意義的目標上，並且加快你的腳步吧！

「我累得不行了」，你真的身心疲憊了嗎

工作一天之後，很多人回到家裡的第一句話就是：「我累得不行了」，其實「你真的有很累嗎？」很多時候喪失對目標的管理，才會造成我們出現疲態。

現代人每天在職場上衝鋒陷陣，忙和累成為現代人的常態表現，換個角度來看，「累」應該是表示充實的佐證，說明你在公司有努力工作。但是你有沒有想過，既然充實那你心中應該是很滿足的，但為什麼有的人總是感覺自己身心俱疲呢？

我們常說「身體是革命的本錢」，對待身體疲憊的狀態採取放任不管的態度，勢必會浪費我們的時間，影響個人的職場發展，相信這不是任何人所樂見的。

為了獲得更好的生活，現代人把自己當成了金剛，上班兢兢業業，一個人做兩個人的工作，下班忙忙碌碌，參加各種培訓充實自己，以便更加適應這個社會。於是我們經常忙到累得不成人形，晚上回家後顧不上洗漱就馬上休息。

鄭宸敏是一家外國企業的白領，更是一個韓劇迷，不管在公司有多累，晚上回家都要抱著筆電看韓劇看到凌晨。這麼一來，她的作息時間完全錯亂了，直接的惡果就是上班的時候根本沒有精神。

鄭宸敏最開心的時候就是週五，因為週末可以得到充足的睡眠。但是一旦週一到來，她總會不情不願的來到公司，逢人便說：「我太累了，上班那麼累，回家也累，累得我想死的心都有了……。」

同事張婷芳看著鄭宸敏的狀態，仔細詢問才知道：「原來是因為晚上看韓劇，妳才這麼累啊！因為韓劇，導致妳工作效率低下，如果妳再這樣追劇下去，不能完成自己的工作，老闆扣妳薪水，妳怎麼辦？」

張婷芳的話，鄭宸敏不以為意，依然我行我素。沒想到居然被張婷芳言中了，因為工作上的一個失誤，鄭宸敏被公司解僱了。

人的水準有很大的差異，有的人累是因為完成了一個大案子，這種累是充實的，是一種收穫。可也有的人一到公司就喊自己太累了，昨晚根本沒休息好，晚上一定要回家好好睡一覺。可是當他晚上返回住處之後，才想起今天電視轉播某場球賽，於是抱著不想錯過球賽的想法，熬夜從頭看到尾，並且全情投入，球賽結束之後都還是激動不已，久久不能休息。案例中的鄭宸敏就屬於後者，她根本不了解自己的目標是什麼，於是一直渾渾噩噩的混日子。

耶魯大學曾經做過一個調查，結果顯示大學裡只有百分之三的學生會為自己制定目標，並且會心無旁騖的完成。經過進一步的追蹤調查，發現那百分之三的學生所取得的成功要遠高於那百分之九十七的學生。很多時候決定我們是否疲累與否的並不是我們做了哪些事，而在於我們是否專心致志的完成。

孫春華剛剛工作半年，每天下班回家的第一件事就是跟父母訴苦：

「爸，媽，你們都不知道我今天上班有多累，早上要制定工作計畫，中午要完成會議紀錄，下午還要跟上司去見客戶……。」

「你們都不知道那些客戶有多難纏，一會兒讓我介紹這個專案的企劃，一會兒又讓我談一下這個專案中的風險，我哪裡知道什麼風險啊……。」

每次聽完孫春華訴苦，她的父母都會微笑以對，提起隔壁的陳冰，說道：

「隔壁的陳冰跟妳是同事，跟妳做的工作也一樣，可是也沒聽說陳冰回家抱怨過什麼啊！」

「那是因為陳冰薪水多啊，我要是有她那麼高的薪水，我也不抱怨！哎呀……反正就是累！」孫春華狡辯道。

孫春華的爸爸放下飯碗，問她：「妳就沒想過為什麼陳冰的薪水會那麼高嗎？我聽人家說，陳冰從不出去應酬，哪像妳難得回家吃一頓飯，不要小看這些應酬，多浪費妳的精力啊！」

如果習慣於抱怨生活與工作，那麼只有兩種可能，一是生活和工作真的出現了令你抱怨的事情；二是你的心理在作祟，習慣抱怨。可是為什麼公司裡總有一些人日理萬機，依然活得輕鬆，不僅沒感覺到疲累，反而很享受工作給自己帶來的愉悅呢？

答案是他們會優先處理那些有價值、緊急並且重要的事務，最重要的一點是他們從不參加各種名目的應酬，這些應酬貌似能溝通感情，但實際上卻是非常浪費精力的。如果因為應酬而導致效率低下、身心俱疲，那樣勢必會影響第二天的工作狀態，試問這樣怎麼能處理好工作上的事務呢？

任何不去規劃自己的工作，忽視目標重要性的行為都會誘發我們的疲累。只有拒絕那些不必要的一切事務，專注於自己分內的工作才能保證效率、迅速完成目標，並且擺脫身心俱疲的狀態。

「我總是安排不好時間，怎麼樣才能將時間利用好？」

將時間安排並利用好，這對任何人而言都是至關重要的事情。沒有安排好時間，而讓自己沉浸在忙碌的狀態中，就可能成為「瞎忙」一族，時間是用了，但沒有做出成績。將時間安排好了，就可能輕鬆處理好各種需要處理的事情，高品質、高效率的完成任務。

在我們的日常生活中，經常會看到一些整天忙忙碌碌的人，他們是那麼焦急，看起來好像每天有很多事要做。而且他們經常覺得時間太少了，自己要做的事太多了。看起來如此忙碌，可是卻沒有做出什麼傑出的成績。

薛亮就是一個看起來整天都很忙碌的人，他開了一家小公司。

有一天，他的朋友馬文軍去公司找他談生意。薛亮早上八點半開始上班，等馬文軍到來的時候他已經進辦公室很久了。剛一踏進他的辦公室，馬文軍就嚇一跳，凌亂的文件到處都是，桌子上、書架上堆滿了各式各樣的資料。他可是真忙啊，馬文軍心想。

見到馬文軍進來，薛亮從文件堆裡抬起頭，客套話也不多說就談起公事來。馬文軍也不含糊，他們就開始談下半年的合作計畫了。談到中途，馬文軍需要看看他們之前的合作方案，於是薛亮就在一大堆文件中翻尋起來。很顯然，他並沒有將文件歸類，等他終於找到這份方案時，桌上的文件已被他翻閱了一大半，弄得亂七八糟，時間也浪費了將近二十分鐘。

馬文軍和薛亮繼續談下去，又涉及到其他的業務資料需要查找，於是薛亮又在書架上一本一本尋找，這一次又花了近半個小時。不一會兒，一家公司打電話向他要產品介紹，他再次停下來亂翻，這又是二十多分鐘的時間。

看到這裡，馬文軍以前的疑惑有答案了，原來薛亮的時間都花在了根本不必要的麻煩上面。馬文軍好心提醒他：「你為什麼不花點時間把這些東西分類整理一下呢？」

薛亮大聲抱怨道：「你看我一天這麼忙，哪還抽得出時間啊！」

後來，馬文軍再也不想和這位朋友打交道了，他實在不想再花時間和他耗下去。

薛亮所沒有想到的是，如果做好事前的充分準備的話，不但不會耽誤時間，反而還能提高自己的工作效率，這樣所節省的時間和精力會比他付出的多得多。

所以，合理安排自己的時間是非常重要的。無論是公司老闆還是普通員工，都應該樹立合理安排時間的意識。

對於很多普通的上班族而言，每天肯定要浪費不少的時間去搭公車，這是不可避免的事情。可是顧雪娟卻不這樣認為：

顧雪娟是臺北一家外企的員工，她每天到公司上下班都搭公車就要兩小時，而這段時間裡也沒有事情可做，這實在太浪費了。她算了算，一天在公車上浪費兩小時，十天就是二十個小時。不算不知道，一算嚇一跳，長年累月下去會很驚人的。

於是，顧雪娟決定要改變這種情況。每天一上公車，她就拿出自己的法語詞彙表，利用這個時間進行記憶，背一些單字和句子。自從這個決定想好之後，她就一直堅持著，從沒間斷過。

結果，兩年之後，顧雪娟就已經掌握了大量的法文知識，完全可以看懂純法文的文件和著作了。她取得了這麼大的進步，整個公司的人都為她感到震驚。這也讓她榮升成了部門經理。

看！這就是合理安排時間所取得的成績，顧雪娟對自己的時間進行了巧妙的安排，將其他人認為沒用的時間安排在學習法語上，結果獲得了大成功。

事實上，所有的成功人士都是合理安排和利用時間的高手。成功和失敗並沒有多大的距離，很關鍵的一點就在於能否將自己的時間分配和利用好。那些腰纏萬貫的富翁和囊中羞澀的窮人至少有一樣是完全相同的，他們一天都是二十四小時，都是一千四百四十分鐘。所以，我們要想取得事業上的成功，就必須學會珍惜和把握自己的時間，讓自己的時間得到最有效的利用。

「我的時間都到哪裡去了？」

一位名人曾經說過：「不能掌控時間的人什麼也不能掌控，時間是世界上最短缺的資源，除非嚴加掌控，否則就會一事無成。」

在我們的日常生活中，很多人都會將自己的時間白白的浪費掉，他們面對時間的流逝總是無動於衷，或者說沒有任何辦法，因為他們根本不明白自己的時間都到哪裡去了。事實上，只要好好思考一番，我們就能發現很多時間正是被我們自己浪費了。

可能每一個人都明白「寸金難買寸光陰」的道理，但在我們的實際工作中，卻很少有人會對時間的流逝感到惋惜，甚至有不少人常常對自己所浪費掉的時間視若無睹。倘若我們能夠站在珍惜和把握自己生命的角度去看待下面的這些行為，這對改變我們的命運，讓我們更快走向成功是不無裨益的。

第一，經常做白日夢

在工作中精力不集中，身在公司心在家，一邊工作一邊計劃著如何度過週末，為那些還沒完成的工作操心；想著自己升遷後薪水會增加多少和怎麼花掉這筆錢；反覆回想你在昨天聚會時講的那個笑話。有的管理人員對過去犯過的錯誤和失去的機會惋惜不已；也有的人成天空想未來，這兩種心境都是非常浪費時間的。

幾乎每一個人都不同程度的存在這種對於時間的浪費，這種行為一旦形成一種習慣，就會對自己的工作效率產生極大的影響。若想克服這種惡劣的習慣，我們首先要為自己的工作和生活劃一條清晰的界線。在工作時間，我們必須保證對工作的全身心投入。工作之外，我們則應該盡情享受生活，充分休息，處理好自己各方面的生活問題。

第二，總是在找東西

許多人在工作中總是在找東西，甚至為此忙得不亦樂乎。美國透過對十家大公司職員的調查，發現了一個驚人的結果：公司職員每年都要花費七週甚至更長的時間在一堆雜亂無章的資料裡尋找需要的東西。這就意味著他們每年因此損失掉至少百分之十的時間。

這就要求每個人將東西區分為有用和無用兩種；其次，將無用的東西全部扔掉；最後，將剩下的東西分門別類進行有規劃的保管。

第三，工作總是被突發事件打斷，思維斷斷續續

根據研究結果，我們發現造成管理人員浪費時間最多的是斷斷續續的工作方式。因為每一次的重新開始，都需要花時間調整大腦的活動及注意力，並且得經過一段時間的暖機才能恢復效率，所以，思維斷斷續續是最浪費時間的普遍情況。

這就要求我們在工作之前就必須首先明確自己今天該做什麼。其次是推掉與必要工作無關的任何活動。另外，要事前有所準備，控制好偶發的延誤，把本來會浪費的時間化為有用的時間，或是用來完成其他事項。

第四，對工作消極怠工、毫無熱情，辦事拖拖拉拉

悲觀消極的情緒，可以使人完全失去幹勁，工作效率下降。對人懷有戒心、妒忌、明爭暗鬥、憤怒及其他消極情緒都會使工作幾乎很難做好。許多員工對面前堆積如山的工作感到非常的厭惡，幾乎沒有一點想快速完成它們的欲望，因此工作表現得懶懶散散。還有的人總是花許多時間思考要做的事，擔心這個擔心那個，找藉口拖延行動，又為沒有完成任務而悔恨。在這段時間裡，其實本來能夠完成的任務卻不得不延到下一個工作日裡去做。

要克服這些時間運用上的惡習，首先必須進行自我心理調適，培養積極心態；其次要學會使用行事曆，每天強迫自己及早開始行動，用積極的行動來帶動自己的情緒。另外，除非有此必要時，盡量不要在家裡辦公，因為家庭是生活的地方，不是工作的地方，我們在自己生活的空間裡，很難專心做好自己的工作。

總之，時間管理對我們的事業成功來說是非常重要的一環。管理好自己的時間就是最高的管理，這能讓我們的事業之路越走越寬闊。

「我是個做事粗心大意的人，該怎麼安排自己的時間？」

時間安排好了，才能保證我們的工作有條不紊。如果對自己的時間沒有一個合理的規劃，即使再細心、再有能力的人也很難取得成績；而只要想辦法給自己制定行之有效的時間計畫，即使粗心大意的人也能逐漸把要做的事情處理好。

生活中，有很多粗心大意的人，他們之所以時間不夠用都歸因於將時間浪費在尋找東西上，比如，辦公桌上一大堆文件沒有整理，需要其中一個的時候總是找不到，或者將書本、發票、收據等等沒有分類放置，從而造成為尋找東西而浪費時間。我們每天都有許多時間流失在找東西上面：經理人找亂放的文件、信件；研究者找亂放的書本、論文；會計、行政人員找亂放的收據、發票。即使這是一種通病，大家卻很少想辦法來幫助粗心大意的人。

如果你是一個粗心大意的人，那麼就應該按照以下的方法去做事，這就能避免讓自己因盲目找東西而浪費時間。

第一，物盡其用，物歸原處

我們可以將自己每天都要用的東西比如眼鏡、筆、鑰匙等放在一個固定的地方，並約束自己每天用過後都必須把它們放回原處。按照這樣的方法養成習慣，我們不僅可以避免這些東西遺失，同時當要用的時候也就不需要花費時間去慢慢尋找，很容易的就從固定放置的地方將東西拿到。

當然我們選擇放置物品的地方應該比較方便拿取而且便於記憶，不要將常用的東西放在一些難記憶或難以取到的地方。

第二，不要藏東西

可能有的東西比較珍貴，我們就會將其藏起來，但時間長了可能就會忘記所藏的地方，到了自己要用的時候，翻箱倒櫃、思前想後就是找不著，這種情況不但浪費了我們的時間，而且還沒有任何成效，一點都不划算。

第三，借助記性好的朋友

我們將自己的檔案、文件夾、書籍等東西放在哪裡，可以告訴一些記性好的朋友，萬一到時我們忘了他們就可以提醒我們。這也能讓我們減少找東西的時間。

第四，在貴重物品上寫上姓名、住址

我們可以在一些貴重物品上標出自己的真實姓名、住址和聯絡方式。這樣的話，如果物品丟失，萬一有人撿到後就可能依據上面的聯絡方式找到我們，當然，這時我們要誠心誠意的酬謝對方。

對於一些重要的文件，我們就可以放在寫明內容物的大信封裡，這樣找起來因為目標變大，所以就比較方便。

第五，三思而後行

我們經常在各大機場看到裝滿了遺失物品的房間，而這些物品有的價格不菲，有的非常重要，很多時候都是因為主人沒有認真思考而所遺失的。所以倘若我們有非常要緊的事情，必須十萬火急的趕往一個地方，那就應該養成這樣的習慣，在自己離開前，先想一想是不是有什麼東西遺忘了。

第六，利用筆記和提示物品

當我們在大型停車場停車時，應該在筆記本上記下或手機拍下自己的停車位所在行列，以及樓層，然後將筆記本隨身攜帶。事實上，很多時候，使用筆記本或其他一些提示物品可以幫助我們進行回憶，這對我們及時找到東西有一定的幫助。

按照上述的方法去放置我們的東西，這樣在尋找的時候就會方便很多，也就不至於因為亂放而花費了很長時間都沒有找到。這樣做同時還能讓我們對自己的時間安排更合理，將更多的時間用在重要的事情上去。

第二章 明確價值觀是用對時間的根本

成功與快樂，來自明確的價值觀

一個人快樂與否並不取決於外界的刺激，而是來自於這個人的內心是否有力量，這個人的腦海中是否有明確的價值觀。

現代人追求事業的成功、家庭的幸福、緊密的人際關係……除了這些物質的方面，還要追求精神的享受、情感的共鳴等等，人有所追求是件好事，這本無可厚非。但是在這些追求的過程中，我們喪失了本該寧靜的生活、悠閒的生活節奏和健康的身體，現代這個高速運轉的社會給人們帶來了它獨特的「饋贈」，那就是亞健康。

在這樣一個矛盾的時代，到底什麼才是人們最應該追求的？真的是那些身外之物、抽象的光鮮亮麗嗎？還是更為平實的來自內心的感受呢？簡單的說，我們到底應該追求功名利祿還是內心單純的快樂？

這是一個很難回答的問題，讓我們交給自己的價值觀來回答吧！

美國南部的一個寧靜小鎮上，來了一位富可敵國的富翁喬克老爺，今年已經一百歲高齡的喬克老爺從二十歲就開始四處漂泊，剛過花甲之年，家財豐厚的喬克老爺就已不用工作，他的財富就已足夠他度過一生。

可是隨著年歲漸長，喬克老爺的身體開始衰竭，八十歲那年就離不開床了，每日每夜都要在床上度過，不能看到花開花落、不能感受陽光的絢爛……。

今年年初，病入膏肓的喬克老爺認為自己死期已到，可是卻不甘心這樣死去，於是他來到足夠寧靜的小鎮，希望得到心靈的解脫。在這個小鎮的山上，有一座教堂，據說這裡的牧師可以為世人開解。

因為老人行動不方便，他派自己的僕人請來了牧師，向牧師訴說心中的擔憂，並且請求牧師指點讓自己解脫的祕方。牧師按照喬克老爺的要求，向他說了這樣一句話：「只有那些名字被反覆誦揚者，才能長生不老。」說完，牧師離開了喬克老爺的住處，回到了山上的教堂。

「名字？」喬克老爺想，「我的名字是什麼？對了，是史蒂芬·喬克。但是好久沒有聽到有人叫自己『史蒂芬·喬克』了，自從自己擁有了財富，不只是自己的奴僕不敢叫，就連自己生活的那個城市裡，都沒有人叫自己的名字了，『史蒂芬·喬克』已經消失將近八十年了。」想著想著，喬克老爺的淚水溢出了眼眶，他聽到了來自內心的聲音，他渴望聽到那個名字。

於是喬克老爺請來當地十個居民，給他們很多報酬，請求他們在這個小鎮的各個角落反覆朗誦自己的名字。隨著時間的流逝，喬克老爺感覺身體開始好轉，從來沒有這樣舒服的感受。漸漸的，喬克老爺身體康復了，並且看起來要比實際年齡年輕，彷彿生命得到了重生。

故事中的喬克老爺為了財富犧牲了自己的健康，幸運的是最後跟隨心底的呼喚，重獲新生。在工作中打拚的我們，常常沉迷於自己的工作，並且強忍著心中的不滿。嚴格來說，很多人已經迷失在要錢還是要命的漩渦當中了。

戴強菲從家鄉獨自一人來到臺北打拚，雖然賺了很多錢，但是不可否認的是他每天都過得像在拚命一樣：早上六點半鬧鐘響起，戴強菲就要起床開始洗漱，隨便做點早餐塞飽肚子，七點之前一定要擠上公車、捷運的人潮中。

來到公司，勉強打起精神開始應付上司、同事、各式各樣的客戶和廠商，除此之外還要承擔很多如酷刑般的工作。在這個過程中，要韜光養晦，不能流露自己真實的表情，不能隨便表達自己的心情。在這種槍林彈雨之中，戴強菲要時刻保持微笑，時刻偷瞄時鐘，盼望下班時間的到來。

下班時間到了，戴強菲又開始感受交通尖峰的擁擠，回到家裡隨隨便便洗個澡、吃個飯，看會兒電視，跟家人說說話，躺在床上休息……這一天就過去了，好像收穫很多，可是戴強菲卻又感覺毫無收穫。

很多人都像戴強菲一樣生活在水深火熱之中，當一天過去，待在自己的房間，你是否曾經想過：「這就是我想要的生活嗎？這一整天的謀生就是我的成功嗎？為什麼下班回家的我比上班要快樂許多，要生龍活虎？」

乍看起來，我們事業上的成功和我們的快樂是矛盾的，因為事業的成功是以我們的快樂為代價，想要獲得事業的成功必須蠶食我們的生命。

其實事業的成功和自身的快樂並不矛盾，反而是相輔相成的，只要你按照自己的價值觀來確定興趣，必然會找到工作中的樂趣。

要試著改變一下自己對待工作的態度，工作是我們實現夢想的途徑，只要摒棄原有的那些悲觀的情緒，試著將自己的身心交給工作，你就會發現工作不但可以給我們帶來物質上的滿足，還會給我們帶來從未有過的快感。

有一位詩人說：「把你的臉迎向陽光，就能感受溫暖；把你的臉迎向微風，就能感受涼爽；把你的人生面向春天，就能充滿動力。」

明確的價值觀會指引你快樂的工作，然後你將會擁有成功事業和生活的雙重快樂！

明確你的價值觀，制定價值觀準則

價值觀是影響一個人行為準則的重要因素，從時間管理的立場出發，只有確定了你的價值觀，才能使你擁有正確的行動準則。

生活和工作使我們必須面對各式各樣的繁雜事務，有些事我們樂於去做，並且很享受過程；但是還有一些令我們心煩意亂的事情，我們還是不得不去面對。要知道，事情有輕重緩急之分，在做事之前你必須知道做事的先後順序。

一旦你沒有搞清楚做事的先後順序就隨意開始行動，便會無緣無故浪費很多時間和精力，並且不會有任何收穫，這不是我們所樂見的。在很大程度上，是我們的價值觀影響了我們對每一件事情所做出的判斷。

一位作家創作的小說在網路上得到很高的評價，在接受採訪時，記者問道：「寫小說為您帶來了很高的讚譽，那麼接下來您會進行其他文學形式的創作嗎？比如傳記或者散文？」

這位作家誠實的回答：「我可以將傳記或者是散文列進到我的夢想清單裡，因為現在的讀者並不只是希望將精神寄託在小說這一種文學體裁上，選擇多了他們會得到更多的感受。雖然我很樂於與讀者之間進行多種的交流，但是我肯定我不會選擇創作傳記或者散文等體裁的作品。」

記者追問：「可是您說過會給讀者一些多重的感受，為什麼又說不會創作傳記和散文呢？是您不感興趣嗎？」

「哈哈……」作家繼續說：「打個比喻吧！生意人做生意想賺錢的話，必須投資時間、金錢和好的營運方案，最重要的一點是他們想要成功。而對我來說，雖然其他的文學形式我也會感興趣，但是大家都知道小說才是我的強項，但最重要的一點是除了小說我不想寫其他的文學形式。」

記者：「我能這樣理解您的意思嗎？雖然其他的文學形式也很有創作價值，但那些都不是您的興趣。換句話說，只有在您有興趣的基礎上才能創作出上乘的小說？」

作家給予肯定回答：「對！如果現在有一個同行來向我請教創作傳記和散文，我會給予他最衷心的建議。但是我一定不會操刀去創作，因為只有小說才是我的專長，也只有小說才能激發我創作的欲望。」

對於那些價值觀模糊的人來說，這位作家的想法可謂醍醐灌頂。我們當中的很多人都會猶疑在「我應該做」和「我想做」之間，如果你不能使兩者統一，那麼衝突會立即產生，使你陷入兩難的抉擇之中。在這個過程中，完全是你個人的價值觀影響了你的決定，因此你的選擇和你的價值觀必須高度統一。

很多人做事並沒有選擇自己的興趣，而是依照社會的需求，忽視自己的興趣所在，這是造成浪費時間的罪魁禍首。想要滿足你的渴望，你必須選擇那些在你看來有價值，並且是自己興趣所在的事情，這樣你才能全情投入的完成。

綜藝節目上經常上演一種叫「傳遞」的遊戲，遊戲的規則很簡單。要求參與遊戲的人站成一排，由主持人將一組數字耳語給站在最前面的人，然後讓他依次耳語給旁邊的人，當數字從最後一個人的嘴裡說出來時，與主持人所說的數字吻合即代表遊戲闖關成功，反之則表示失敗。

這個遊戲雖然簡單，但是結果往往出乎眾人的意料，如果是一個簡單的數字，那麼成功被傳遞的可能性還比較大，但是如果是稍微複雜一點的數字，大家的答案便會五花八門。

這是為什麼呢？按照常理，只是傳遞一組數字而已，為什麼結果卻不盡相同呢？數字專家給出了解釋，原來道理很簡單，簡單的數字容易記憶，複雜一點的數字記憶起來相對困難。

這些數字就好像我們的價值觀，很多人談到人生都會從「我想擁有什麼」著手思考，可是要知道一旦我們想要擁有的東西過於複雜的時候，「傳遞」的困難便應運而生。

比如說有的人想要一件名牌的皮包，也許現在買不起，但是等到換季打折的時候，這個人便可以夢想成真；有的人想要去歐洲旅遊，那麼透過努力工作便可以達成願望……。

但有的人想要一種全新的生活，這就非常難了，什麼是全新的生活？全新的生活有哪些組成的因素？這些思考的過程繁雜，所以我們說這個想法有待完善，只要改變一下思考方法，我們便可以化困難為輕鬆。那就是從「想要擁有什麼？」跳脫出來，從「想成為什麼？」開始思考。

只要你從「想要成為什麼？」出發，你會發現自己會悄然改變，不再被困難所束縛，反而會迸發出自己的潛力，你的思路也將與過往所不同，可以運用自己的能力激發出更多的創意，使自己迅速完成目標。

明確你的價值觀，制定價值觀準則，你將獲得更多的時間，去完成自己的想要做的事情，從而擁抱成功！

時間就是財富，效率就是生命

積極管理時間可以締造財富、提高效率，那些真正的成功者有一個共性，就是他們懂得時間就是財富、就是效率、就是生命的真理，並且在人生的道路上尊重時間這個道理。

你有沒有發現？一個人成功或失敗，並不來自於這個人的專業素養，而能否有效管理時間成為一個人能締造成功的關鍵因素。

美國石油大亨約翰·戴維森·洛克斐勒的財富富可敵國，很多人都在討論，他究竟憑藉什麼創造這麼多的財富？是智慧？還是機遇？

在一次接受採訪的時候，洛克斐勒曾經自信的表示：「即便上帝現在將我的所有財富帶走，讓我在阿拉伯的沙漠裡流浪，我也不怕。相信我，只要能夠重新回到這繁華的社會，十幾年之後我必定會像現在這樣富甲一方。」

一位記者對這種說法有些不屑，嗤之以鼻道：「洛克斐勒先生，請問您的自信來自於哪裡呢？您怎麼能那麼確定呢？」

洛克斐勒大笑著指了一下自己的腦袋，擲地有聲的說：「因為珍惜當下、此刻，並且我敢肯定誰都沒有我珍惜時間，我會用每一分每一秒來創造財富！」

洛克斐勒的成功源於對每一分鐘不懈的管理，可見管理時間就是在管理你的財富。但是眾所周知，時間既具體又虛無飄渺，管理起來談何容易？因此很多人在生活和工作中都會放任自己，做報表的時候瀏覽娛樂網頁、討論企劃案的時候腦子裡在想別的事情……。

看起來消磨的這幾分鐘也許不足掛齒，可是你的財富就在這荒廢的幾分鐘內消磨掉了，與此同時你的效率也會被拖延所取代，你要用更多的時間來彌補此刻的拖延。

從前有一個命途多舛的小男孩，年幼時便遭遇到父母雙亡的厄運。於是懷著對生命的敬畏，這個小男孩來到了一座寺廟，請求那裡的禪師為自己剃度。由於當時已經夕陽西落，禪師決定第二天一早再為他剃度，可是這個小男孩的一席話震驚了禪師，小男孩說：

「老禪師，我知道現在已經很晚了，但我依然請求您現在就為我剃度。一來因為我還很年幼，我不知道明天我是否還有決心出家，二來禪師您雖然仙風道骨，但年事已高，我不知道您明日早晨是否還活著。所以，請您現在就為我剃度好嗎？」

雖然這是有一些冒犯禪師的話，但是聽完小男孩的這段話，禪師卻欣慰的說：「你說的很對！那麼好吧，我現在就為你剃度。」

時光流轉，這個珍惜時間的小男孩成為日本的得道高僧，他就是親鸞。

有位時間管理大師說道：「一切的節約歸根究底都是時間的節約。」時間並不像太陽能、風能那樣可再生，時間也不像糧食、水等可以儲存。因為時間的不可再生、儲存這兩大特性，導致很多人都抓不住時間，更別提利用時間提高效率了。但正如我們的生命一樣，我們的時間相當有限，只有把握時間創造效率，才能展現時間的價值。

很多人埋怨上帝不給自己成功的機遇，卻往往忽視生命本就是我們的財富，浪費生命無異於扼殺我們自己！

在當今社會，專業知識早已不是決戰職場的「萬靈丹」了，把握時間的有利優勢，助自己一臂之力才是職場制勝的關鍵所在。洛克斐勒用時間創造了財富、親鸞也正是由於珍視時間才擁有高深的禪學修為……我們的生命何其有限，只有合理抓住時間，才能做對事情，抓住財富、創造效率。

一分鐘價值為何，抓緊時間最可貴

世界上最快而又最慢，最長而又最短，最平凡而又最珍貴，最容易被人忽視，而又最令人後悔的就是時間。

你計算過一分鐘的價值嗎？

一分鐘聽不完一首歌；

一分鐘打不完一個電話；

一分鐘看不完一篇文章；

……

但是，換個角度去思考，一分鐘能夠做到的事情有很多。

如果花一分鐘的時間來打字，可以打一百個左右的字；

一般人用一分鐘可以跑完四百公尺，做二十多個仰臥起坐，運動完覺得渾身舒暢；

足球比賽中，一分鐘足以完成一次很好的進攻；最後一分鐘往往是勝負的關鍵；

……

也許，一分鐘看起來是微不足道的，然而，它轉瞬即逝，無法保留。偉大的文學家魯迅曾經說過：「哪裡有什麼天才，我只是把別人喝咖啡的時間用在工作上罷了。」正所謂一寸光陰一寸金，要珍惜時間，要有所作為，就需要從珍惜一分一秒做起。

曾經有一個一無所長的年輕人，希望智者能為他指點一條光明的道路。年輕人對智者說：「我至今仍然一無所有，找不到自己的人生價值。」

智者搖搖頭，對他說：「我並不覺得你比別人差啊，因為你所擁有的時間和其他人都是一樣的。每天時間老人在你的『時間銀行』裡跟別人一樣存下了八萬六千四百秒的時間。」

年輕人苦笑著說：「這有什麼用呢？它們既不能被當做榮譽，也不能換成一頓美食……。」

沒等年輕人說完，智者打斷了他的話，問道：「你真的不覺得時間有用嗎？那你不妨去問問剛剛延誤飛機的乘客，一分鐘值多少錢？或者去問一個剛剛從戰場上回來的幸運兒，一秒鐘值多少錢？最後，你再去問一個剛剛與金牌失之交臂的運動員，千分之一秒值多少錢？時間是最寶貴的財富，你應該在生活中學會合理支配自己的時間。」

智者繼續說：「你只要明白時間的珍貴，在自己的工作和生活中不浪費一分一秒的時間，為了讓你的時間得到更好的利用，你應該為自己制定一個時間表。在這張表裡安排清楚每天都需要做的事情，大概每件事會需要多長的時間，先做出這樣的估算。這樣在執行的時候就有了標準。你腳下的路便會慢慢明朗起來。因為你每天都擁有八萬六千四百秒的時間可以支配。」

一分鐘是一個前提，也是一個基數。正是有了這一分鐘的存在，才有了開始，才有了以後千千萬萬分鐘的延續；也正是有了這一分鐘，才有了改變許多事情的機會。

教育家班傑明就曾經利用一分鐘的時間替一個嚮往成功、渴望指點的青年指明過方向。一天，班傑明接到這個青年的求救電話，並與他約定了見面的時間和地點。當青年如約而至時，班傑明的房門大敞，房間裡亂七八糟、狼藉一片，眼前的景象令青年頗感意外。

班傑明看到青年，首先打招呼道：「你看我這房間，太不整潔了，請你在門外等候一分鐘，我收拾一下，你再進來吧。」他一邊說著一邊輕輕關上了房門。

青年在房門外等了不到一分鐘，班傑明打開了門，並熱情的把青年請進客廳。此時，青年眼前看到的是另外一番景象，之前房間雜亂的景象不見了，一切變得井然有序。桌上有兩杯剛倒好的紅酒，在淡淡的香氣裡還蕩漾著微波。

還沒等青年向班傑明訴說完自己在生活和事業上遇到的難題，班傑明非常客氣的說道：「乾杯，你可以走了。」

青年手持酒杯略顯尷尬，有些遺憾的說：「可是，我……我還沒向您請教呢……。」

班傑明微笑著掃視著自己的房間，輕聲細語的對青年說：「這些……難道還不夠嗎？人生的關鍵是要利用好自己的時間，不要小看一分鐘，不要覺得一分鐘做不了多少事。要先把自己對待時間的觀念轉過來，你看看，在這一分鐘裡所做的事情也不少吧。做事就要有強烈的時間觀念。哪怕只是一分鐘的時間，在關鍵時刻都能起到舉足輕重的作用。」

「一分鐘……一分鐘……」青年若有所思的說，「我明白了，您讓我看到了一分鐘的時間可以做很多事情，可以改變很多事情的深刻道理。我以後做事一定會注意的，就算是一分鐘的時間也不能小看。提高工作熱情，學會分秒必爭，高效用時是非常重要的。」

班傑明笑著點了點頭，青年把杯裡的紅酒一飲而盡，向班傑明連連道謝後，開心的走了。

如果你看不到一分鐘的寶貴，時間就會像風一樣從你身邊溜走，讓生活留下一片蒼白；如果你懂得珍惜眼前這一分鐘，讓每一分鐘都為生活塗上一抹色彩，那麼你的人生自然就絢麗起來了。

一寸光陰一寸金

時間抽象得不可名狀，計量時間的「分」與「秒」你並不能抓到手中。時間卻又很具象，當夕陽西下的時候，你總是感覺自己一事無成。

為了買到低於市價五元的雞蛋，總有大批的消費者在超市裡排隊購買，並且不論排多久勢在必得，在他們的認知裡沒有時間的概念；

火車站有的人為了節省票錢，選擇那些票價便宜，可是速度較慢的普快車來到達目的地，他們寧願忍受長途乘坐慢悠悠的火車的疲憊；

有的人為了節省十五元的公車費，而選擇步行抵達目的地，在他們看來也就是十幾分鐘甚至是幾十分鐘的事，這麼做沒關係；

……

表面上看來以上幾種人是節省了很多錢，可是殊不知有一句諺語完全可以描述這類族群，那就是「揀了芝麻丟了西瓜」。如果從投資學的角度上出發，我們便會發現，相對於利用這些時間創造的價值，所謂

「節省」出來的錢要遠遠低於前者的數字。

我們知道史蒂芬．賈伯斯是手機界的巨擘，他將蘋果品牌推向了成功的頂端。關於他，流傳著這樣一個故事，某一天賈伯斯參加一個商務聚餐，席間一個名不見經傳的小公司老闆向賈伯斯敬酒，說道：

「能問您一個問題嗎，賈伯斯先生？」

賈伯斯挑挑眉毛表示肯定，那位老闆將一張一百美金放到地上，繼而問道：

「您瞧，現在在您面前的地上有一張一百元美金，只要彎腰便可將其撿起來，據為己有。這麼簡單的動作，你會做嗎？」

賈伯斯馬上給予這個老闆否定的答案，那個老闆瞠目結舌詢問為什麼，賈伯斯回答：「誠如你說的那樣，我彎腰撿起鈔票，這是一個簡單的動作，也許只需要幾秒鐘，但是你知道嗎？用這幾秒鐘我創造出來的價值是遠遠高於這一百美元的，這就是我的理由。」

這是一個簡單的故事，但是這個故事向我們傳遞了賈伯斯對待時間的態度，無論我們從事什麼、做什麼，我們都應該用投資的思想來對待時間。投資得當，我們會得到時間的饋贈——讓我們獲得更多的「時間」，創造更多的效率；如果你吝於投資時間，那麼時間也不會給你好的回報。

諸如賈伯斯等成功的商人，他們秉承「一寸光陰一寸金」的管理理念，絕不允許自己浪費每分每秒，並且善於投資時間，他們的時間觀念特別強，一定要透過每時每刻的時間創造更多價值。

百萬富翁和窮光蛋不是生來就有差異，在他們之間擁有公平的存在，那就是對於他們來說，一天都有二十四小時，一天都有一千四百四十分鐘。對待這些時間的心態差異，是造成窮富差異的關鍵因素。」

想要了解你的時間價值幾何？很簡單，你只要做好分析時間這一步。我們的時間像是積木，吃飯的時間可能是三角形，工作的時間可能是正方形，娛樂的時間就好比是長方形……一種理念的組合方式可能會呈現一種感覺，換一種組合方式就會有不一樣的形狀。只有最高效用的使用時間，時間才會有更高的價值。

鄭郁涵是一家日用品公司的客服代表，每天來到公司她總會按照自己前一天的工作計畫來行事，翻開計畫表她看到自己今天的工作計畫是：早上八點半晨會、十點見客戶、下午兩點去工廠查看產品流水線、五點回到公司總結全天工作。

來到會議室坐下後，上司開始跟大家討論公司下一步的銷售計畫。討論如火如荼的進行著，鄭郁涵看看表發現已經九點十五分，平常的這個時候晨會早已結束，今天有點超時！鄭郁涵心裡想，如果會議還要進行的話，自己就要延後與客戶的見面了，這樣一來勢必會影響自己在客戶心中的信任度。

九點半整晨會結束，鄭郁涵趕到客戶的公司，可是即便馬不停蹄卻還是遲到了。等到結束與客戶的會面已經將近十二點；來到郊外的工廠比預計晚了將近一個小時；晚上回到公司已近六點……。

可以說鄭郁涵一整天的工作計畫，都被早上開會那多出來的半個小時給打亂了，才致使後面工作堆積，這是鄭郁涵始料未及的。

也許你與鄭郁涵有同樣的遭遇，看起來只是浪費了一點時間，可是這一點時間的價值也被大打折扣。要解決這個問題，你必須有預見的能力，要能針對工作計畫中可能出現的變動，給自己留下比較機動的應變時間，提前準備，這樣一來才能做到臨陣不亂。在制定工作計畫的時候，你可以給自己留下十分鐘至半個小時的緩衝時間，這麼一來若是發生了特殊狀況，也不會影響接下來的工作。

時間的價值不僅僅展現在它創造出的金錢總量，那些被我們浪費、疏忽掉的時間才能創造出更多的價值！時間與我們如影隨形，沒有時間我們將一事無成，可以說時間是我們獲得成功的最有利的資源。但是這種資源是不可能再生的，你浪費了這一秒便損失了這一秒的價值。

當你耄耋之年時，也許會感慨為什麼有些人有很高的成就，而你卻碌碌無為，究其原因只有一個，那就是你輕視時間，用不正確的價值觀來計算時間。時間的價值都是你賦予給它的，只有珍視時間，時間才會回報你更多價值！

做時間的主人，當生命的主宰

時間是組成生命的元素，浪費時間就是對生命的褻瀆。只有充分利用時間，避免時間的浪費，才是對生命的最大尊重，才能成為生命的主宰！

時間管理大師拿破崙．希爾說過：「利用好時間是非常重要的，一天的時間如果不好好規劃一下，就會白白浪費掉。如果想成功，必須重視時間的價值。不斷為自己制定時間，才能在有限的時間裡迅速提高自身的時間效率，從而在相同的時間裡成就更多的事情。」正如拿破崙．希爾所說，促使一個人成功或失敗，不完全是只憑個人能力、把握機遇等方面，很大的程度上在於是否能夠合理安排時間、分配時間。也許在你眼中毫不起眼的幾分鐘，卻是別人獲得成功的制勝關鍵。

在成功人士間流傳這樣一句話：「一小時有六十分鐘，而一小時又沒有六十分鐘。」乍看之下這句話矛盾而令人費解，事實上這句話正好揭露了時間的奧妙所在。表面看來一小時有六十分鐘，可你是否計算過在一個小時中，你究竟用了多久呢？是精打細算六十分鐘，還是十幾分鐘，或者更少僅僅用了幾分鐘？

如果答案令你羞於說出口，則說明你已完全被時間奴役，這與正常情況完全相悖。要知道我們是時間的主人，我們才是主宰時間、生命的人。

某公司的老闆要赴海外出差，且要在一個國際性的商務會議上發表演說。他身邊的幾名要員都忙得天昏地暗，因為要把他出差的所需要的各種文件都準備妥當。

在該老闆出國的那天早晨，各部門的主管也來送機。老闆看著其中一個正睡眼惺忪著幫助他撰寫英文文件和翻譯資料的主管說：「你負責的那份文件等我到了以後再用電子郵件傳給我吧，反正現在也不急著要用。」

誰知那位主管卻從公事包裡拿出了文件，說：「我已經連夜寫出來了，我怕您在飛機上會需要看看。」

老闆看著那位主管通紅的眼睛和已經整理的好的文件，什麼也沒有說，拍了拍那位主管的肩膀，讓他回去好好休息。

沒過多久，那位老闆回來以後，這位主管就升遷了，原因就在於他是一個與時間賽跑的人，能為公司創造更高的利益。

這位主管因為善於和時間賽跑，所以成了贏家，將自己的工作做到了位，也得到了老闆的賞識。他就是一個主宰時間的範例。

而那些浪費時間、對時間不重視的行為正是時間奴役你的標誌，試想，如果將浪費的時間統計起來，將會是一個驚人的數字。只有做時間的主人，你才會扭轉對時間的觀念，將時間為自己所用，是你成功的關鍵。那麼我們應該怎樣做時間的主人呢？只需要從兩個方面著手，一是正視我們的時間，二是建立主觀意識。

計算時間要求我們必須知道這一天，我們可以支配的有多少時間，有多少時間我們可以自由使用？那一段時間我可以整段使用？為每段時間做一個分配工作與估算，這是管理時間的第一步。

規劃時間要求我們對時間進行統一的規劃，每小時、每分鐘、每秒鐘我們必須有一個規劃，這樣的規劃可以使我們做事心裡有數。

分配時間是在規劃時間之後，我們根據時間的長短來分配不同的任務，有的人上午效率高，那麼重要的事就安排在上午，有的人喜歡從下午開始工作，那麼重要的事都安排在下午。需要注意的是有一個例外，那就是緊急的事，無論是上午還是下午，當遭遇緊急的事情時，你必須停下手中的工作，開始處理緊急的事務。

建立主觀意識要求我們做到端正管理時間的態度、樹立管理時間的觀念、養成管理時間的習慣。我們必須時刻謹記：「馬上行動。」

我們大多數人都有一個習慣，早晨鬧鐘響起後第一步不是起床，而是關掉鬧鐘繼續睡；明明半個鐘頭可以完成的事情，非要做一個小時；很多人接到工作之後的第一項並不是開始工作，而是要給自己緩衝時間，慢慢的進入到工作的狀態……。

其實這都是藉口，如果這種不良想法處理失當的話，很容易造成拖延，這不利於時間管理，長此以往自然而然被時間所管理。

所以，起床鬧鐘響起的那一刻，要告訴自己「現在就起床」，不要因為時間還充裕，就拖延起床時間，更不能因為習慣於「等候好情緒」，便花費很多時間以「進入狀態」為藉口而不做事。這其實是一個習慣的養成，如果你在這件事情上能做到，在其他方面自然也會做到。

時間是你的主人還是奴隸？被時間迷惑繼而浪費它，還是利用時間主宰你的生命？相信答案你已經了然於胸，改變生活和工作狀態，從現在開始做時間的主人吧！

消除錯誤時間觀念，掌握正確的時間使用技巧

很多人抱怨時間不夠用，往往不是因為事情太多，沒有時間完成，而是由於沒有正確掌握使用時間的技巧。只有拋棄那些錯誤的時間觀念，才能使時間發揮最大的效用！

子曰：「逝者如斯夫！不舍晝夜。」它在向我們強調時光短暫，一旦流逝，任誰都不能挽回。這與我們一直在強調時間的重要性不謀而合，只有珍惜時間才能擁有時間。只有正確使用時間，才能用時間締造成功！

但是在我們生活和工作中，我們都會被一些錯誤的時間觀念所誤導，觸碰到一些管理時間的禁忌。相信這不是你所樂見的，下面就為大家分析一下，最容易使你陷入浪費時間危機的錯誤時間觀念：「一心多用和好高騖遠。」

在同一個時間段，做兩件甚至更多的事情被定義為「一心多用」，談到一心多用，時間管理專家曾經表示：「相對那些同時涉獵很多領域的人，一次只完成一件事的人要產生更多的價值。」乍看起來一心多用可以節省很多的時間，可是實際上效果真的好嗎？

張曉梅是一名櫃台客服，看似只是需要端茶倒水、接聽電話的工作，實際上做起來是相當有難度。一般上午時間是張曉梅特別忙的時候，在這個時間段裡安排客戶拜訪時間、應付各種推銷電話……光是處理這些棘手的電話，已使得張曉梅焦頭爛額。

再加上冗長的例會，準備會議資料、記錄會議內容、反映各位發言人的意見回饋……這些文書資料也讓張曉梅常常忙到抓狂。

於是張曉梅自作聰明的發明了「一心多用」的策略，在接聽電話的時候列印會議紀錄、記錄會議紀錄的同時注明發言人的觀點等等，雖然這其中有一些策略的確可以為張曉梅節省一些時間，去處理其他的事務。但是更多的時候，張曉梅總是弄巧成拙。

有一次她替老闆寫生日賀卡的時候，張曉梅接到了某公司老闆的電話，SOP 要求張曉梅詢問這位客戶的姓名，那位老闆姓張，誰想到張曉梅不小心將這位客戶的姓氏寫到賀卡上，而賀卡寄往的是林氏企業。這樣一個不起眼的錯誤，卻使得兩間公司的合作中斷了，老闆很生氣，張曉梅也很懊悔。

在很多事務上，一心多用是使用時間、管理時間的一個奇招，它可以延長時間的使用壽命。但是這只限於一些較為隨心的事務上，即那些不重要也相對不緊急的事務。如果同時處理很多件比較緊急的事務，由於時間緊迫我們勢必會將注意力分散到不同的領域當中，這樣一來會阻礙成功的進程，最後的結果將不會是你所樂見的。

正確使用時間的觀念要求我們一次只做一件事，如果可以保證品質固然兩全其美，但如果不能這樣兼顧兩者，我們必須先保證品質，即做好當下的這件事。即使是才華出眾的人，讓他一心多用，也不能保證將所有精力平均劃分，而保證到每一件事務的品質。

對於管理時間、使用時間，很多人存在一種好高騖遠的願景，即制定計畫表從明天開始執行，今天得過且過。這種時間觀念是錯誤的，如果想正確使用時間，我們必須從現在開始，利用好當下的時間。

柳比歇夫是前蘇聯著名的哲學、數學家。他的一生可謂是碩果累累的一生。發表的學術著作多達七十多部，內容涉及的層面非常廣泛，包括了遺傳學、科學史、昆蟲學、植物保護、哲學等這些領域。

他之所以取得的這些成就，有很大一部分功勞都要歸功於他的那本「時間紀錄冊」。在他的時間紀錄冊裡，他每天的各項活動，無論是工作還是休息、讀報、看戲、散步等這些活動，所用的時間全部記錄在案。甚至有人找他問話，請他幫忙解釋問題的時間他都會在紙上做記號，記住具體花了多少時間。他的每項工作，比如寫一篇文章，看一本書等等，不管自己做了些什麼事，每道過程的時間都算得非常清楚。

柳比歇夫從一九一六年元旦開始對自己所用的時間進行統計。這樣一來，他每天都會核算自己花費的時間。每天都會做一次小結，總結一下時間運用上的得失，每月做一次大結算，年終做個總結，這樣的工作一直持續到一九七二年他去世那一天。

在這五十六的時間裡，他記錄自己的做事所花費時間的習慣從來沒有間斷過。在每天無論做什麼事情，他都會記下事情的起始時間，相當準確。

他曾經說：「自己對工作的要求就是一定要保證真正用在工作上的純時間。比如，工作中的任何間歇他都會排除掉的。經過他這一系列的思考和計算，柳比歇夫把自己的一天二十四小時中的純時間算成了十小時。而且將它分成三個「單位」。在不同的時間段從事不同的工作。第一類是創造性的科學研究工作，如寫書、研究、做筆記等；第二類就是除了研究之外的其他活動，比如說作學術簡報、講課、參加學術研討會等等。

因為他對自己的時間所有時間都進行了記錄，並且做到隨時對自己運用時間的得失進行總結，所以，他的一生非常充實，為科學做出了重大的貢獻。

我們對待自己的時間就應該有柳比歇夫這樣嚴謹的態度，及時對自己的時間安排做出總結反思，這樣就能不斷進步。

我們平時之所以覺得沒時間，就是因為在很多時候都不重視時間，浪費了時間也不思考著去改正，所以就會讓自己一直處在低效利用時間的惡性循環中。其實，所有的時間都是以現在為起點的，為了避免好高騖遠的心態影響到我們使用時間，我們必須重視每一天、每一分、每一秒，甚至每一瞬的時間，然後向自己的目標全力以赴！必須把握每一瞬去奮鬥！

管好時間比管好金錢更重要

常聽人說方法比勤奮更重要。因為辦事的時候方法不對，再勤奮也沒有用。同樣的道理，時間比金錢更重要。因為即使有再多的金錢，但是當我們沒有時間去花，那還有什麼意義呢？錢即使用完了，還也可以去賺，而時間被浪費了，用什麼方法都無法挽回。做事，重在利用好時間，這是保證事情順利完成的基礎。

生活中，經常會聽到有人抱怨說自己的時間不夠用，事情太多，工作太忙等等。這些人雖然看起來每天忙得不可開交，可是他們卻沒有取得什麼成果。關鍵是他們在做事的時候沒有真正的讓自己的時間發揮出作用，所以，到頭來還是「時間的窮人」。其實，我們要將事情做好，就離不開對自己時間做有效管理這個真理。

而對於時間的有效管理，我們需要遵循「二八定律」。往往在生活中，很多人可能都有這樣的體會：百分之八十的收穫來自百分之二十的時間，而百分之八十的時間卻僅僅創造了百分之二十的成果。這就是說，我們日常行事，並不是花費的時間多了就能讓自己所做的事情取得好的效果。而是說「我們應該將自己的時間用在那些讓你真正感覺快樂、成功和滿足的事情上，而不要讓枯燥、低效的例行公事占據我們時間的絕大部分。」

倘若我們在做事的時候，在自己的時間分配中植入經濟觀念，那麼我們就會發現時間的管理其實和理財是一樣的。所以，我們在工作過程中，僅僅將自己要完成的任務羅列出來，然後再去完成的做法並不能取得最佳的效果。倘若我們想讓自己想做的事情和工作取得更大的成績，那就應該對自己的時間進行一個合理的分配，將時間用在重要的事情上，要拋開那些低價值的活動，將時間投入到高價值的活動中去。這就是我們通常所說的「好鋼要花在刀刃上。」

那麼，低價值的活動究竟有哪些呢？它包括：例行公事，那些遠遠超出我們預計時間但還是沒有完成的事，枯燥乏味的事，當然也包括我們並不擅長的事。和低價值相對的高價值活動則包括：關於我們人生重大目標的事，我們一直計劃想做的事情，還有那些千載難逢、稍縱即逝的事。在我們的工作和生活中，對所做的事情有了明確的區分度後，我們辦事的效率將會提高很多，這在當今快節奏的社會上無疑是非常重要的。誰掌握了時間，誰就掌握了走向勝利的主動權。

在這個社會上，時間恐怕是最公平的東西了。我們每個人都擁有相同的時間資本。如果有兩個人，他們在智商、學歷等各種條件均相同的情況下，其中的一個人工作時間比另一個人長，但是依然沒有另一個花費時間少的人的績效高，那麼這位多花時間的人就很有可能是在合理安排分配時間這個環節上出了問題。在現實中總有很多讓我們難以控制的因素，可是不論情況如何糟糕，如何讓我們摸不著邊際，時間始終是能被我們自己牢牢掌握的一個重要因素。

目標明確，把低價值活動和高價值活動區分開，在保證不影響自己完成工作任務的同時，我們要把自己的時間資本投入到高價值的活動中，這只是其中的一個方面。僅僅做到這一點還是遠遠不夠的。

我們還應該把理財中的「節流」和「開源」這兩個法寶拿來使用。「節流」就要求「省時間」。為達到這個目的，我們可以列出一張時間「收支表」。我們可以把每天的要做的事情都記錄下來，等自己全部做完所計劃的事情時，還要學會全面評估時間的使用情況。這可以幫我們找到自己效率不高的病症源頭。當我們明白了其中的原因後，就要學會對自己的時間進行計劃管理。

我們可以將自己的時間分成以小時為單位的時間塊，對每個小時自己都要做什麼進行合理安排，這對確實達成每日的目標有著很大的作用。人們常說，計畫總是趕不上變化，可是，善於做計畫的人比那些不做計畫的人成功率顯然要高出很多。我們還應該養成「省時」的習慣，提高自己的效率觀念，於是，做到一天二十四小時「收支平衡」就不是什麼難事。這些在我們日後的工作和生活中，都將會起到非常重要的作用。

那什麼是「開源」呢？其實它就是「賺時間」。這個我們可以透過兩個方面來實現：

第一，做事的時候，盡量把自己的零碎時間也利用上

比如，在等車、坐車的時候，我們可以讀報紙，在睡覺前的培養睡意時間裡可以看看書，當我們散步時可以與友人討論一些問題。那些有著輝煌業績的成功人士往往都是開發時間資源的高手，並不是說他們的個人條件或者背景有多好，只是他們比我們一般人多了一份會「算計」時間的心。

第二，「透過金錢為自己買時間」，讓我們做事的時間更充足

可能你看到這裡就覺得不可思議，時間是買不到的。沒錯，過去的時間的確無法用金錢買到。可是在現代我們則可以實現買到時間。比如：搭公車能省錢，而叫計程車雖然花錢，但能節省時間。透過各種現代化的機器可以讓我們做家務的時間大大縮短，這樣，我們就可以將這些時間用在工作上。

在當今快節奏的都市生活中，倘若只是心疼金錢而事必躬親，或只用金錢去衡量和取捨自己做事的方式，將會導致很多原本可以很好被利用的時間都被占用，這樣的做法得不償失，總有一天會讓人因小失大。倘若長期如此，就可能會平庸終生。

所以，我們不能忘記管理時間勝於管理金錢的道理。為了讓我們能更好的做事，更有效率的做事，我們應當對自己的時間管理形成習慣，這樣才能讓我們的人生創造輝煌。

只有做到百分之百才算合格

無論做什麼事，都應該做到百分之百，即使做到了百分之九十九，那也是半途而廢。其實一次性做到百分之百反而會節省我們的時間，因為做到百分之九十九，那剩下的百分之一，我們可能因為思路中斷，重新繼續所耽誤的時間將更長，這無疑會降低自己的效率。

攝氏九十九度的水還不是開水，它的價值還是很有限的；如果我們煮久一點，讓它從攝氏九十九度的基礎上再升高一度的話，水就會沸騰，從而就可以產生大量的水蒸氣，用這些水蒸氣來發動機器，就會獲得非常好的經濟效益。同樣的道理，假如有一百件事情，而我們只完成了九十九件，剩下的那一件由於種種原因沒有按時完成，而恰恰就是這一件事，卻很有可能對某一個人或某一單位造成足夠大的影響。

我們工作中出現的問題，在很多時候其實只是一些細節或者是在小事上做得不夠到位，但往往是這些很容易被我們忽視的小問題，常常會產生較大影響。其實，我們身邊有很多事情，只是因為在執行的時候產生了一點點差距，但最終的結果卻出現了讓人難以想像的差距。很多人在工作過程中，總會出現工作沒做到位的情況，甚至也有一些人都堅持到了百分之九十九，可是就在剩下的百分之一任務中，他們卻沒有堅持下來。就是這點細微的區別，使這些人就很難在自己的事業上取得突破和成功。

一位著名企業家曾經指出，倘若在員工手中放過百分之一的不合格，那麼到使用者手中就會是百分之百的不合格。這就說明對於每個員工來說，都應該發揮出自己的主觀能動性，對待自己的工作要由被動到主動，養成自覺遵守規章制度的習慣，把一切細小的失誤都消滅在萌芽狀態。

一位房地產公司的老闆在和朋友的談話中提到了曾經發生在他們公司的一件事。在一九八〇年代末期的時候，與他們公司進行業務合作的一家公司，有一個非常負責任的工程師。

有一次，要拍攝一個專案的全景圖，而原本是在樓上就能拍到，可是這位工程師偏偏要徒步走兩公里，爬到山頂上拍攝，最後拍攝的照片很成功，連周圍的景觀都拍得很到位。當時就有人問工程師為什麼要這麼做，他只回答了一句：「如果回去董事會成員會向我提問，只有當我把整個專案的情形都告訴他們，這才算是完成任務。否則我的工作就沒做到位。」

那位房產公司的老闆還說，這位工程師業務心極強，他經常所說的一句話就是：「既然是我要做的事情，我肯定不會讓他人擔心。任何事情，只有做到百分之百才能合格，而九十九分都是不合格的。那些六十分就好的做法就更不用說了。」

所以，想要把事情做好，我們心目中就必須有一個很高的標準，而不能只是一般的標準。我們做事之前，應該進行周密的調查論證，多多思考，盡量把各種情況都考慮到，即便不可能做到最好，也要盡自己最大的努力避免出現漏洞，哪怕漏洞只有百分之一。世間的大事都是由小事累積而成的，倘若沒有小事的點點滴滴累積，也就不可能成就大事。當我們明瞭這一點，就可以培養自己一絲不苟的行事風格了。

做事一絲不苟，就是說不論對待大事還是小事都應該一樣的謹慎。其實許多小事中都蘊含著一些重要的人生道理。那些對小事置之不理的想法，往往是成事的絆腳石，它不僅讓我們的工作沒有做到位，而且會讓我們的生活減少快樂。

無論從事什麼工作，一定要全力以赴、一絲不苟。能做到這一點的人，才不會為自己的前途擔心。世界上到處都有散漫的人，只有那些善始善終者才是供不應求的。

有很多老闆一直費盡心機在尋找能夠勝任工作的人。其實他們所需要的人並不一定要有出眾的技巧，卻離不開謹慎和盡職盡責這樣的條件。有很多員工因為沒有盡力，沒有將自己的分內之事做好而被解僱。有很多人之所以無法養成一絲不苟的工作作風，就是因為他們只是貪圖享受，只想著回報，而不想付出，把盡職盡責的原則當做耳邊風。

一個人能否取得成功，其中的關鍵因素就在於他能不能對自己嚴格的要求，能不能追求百分之百的合格。對於成功者來說，無論遇到什麼事情，無論做什麼工作，他們都不允許自己疏忽大意。所以，我們應該在工作中以最高的規格來要求自己。有能力做到最好，那就必須做到最好，能百分之百達到目標的，就絕不只做到百分之九十九。

對自己的要求嚴格了，切實去執行了，這就能在我們的心目中形成一種意識，始終督促自己前進。往往這樣的行事風格會讓我們的辦事效率更高，效果更好，花的時間少，卻能將事辦得讓人滿意。這種高品質、高效益的方法，難道不值得一學嗎？

業餘時間，不可忽視

時間，有工作時間和業餘時間之分。工作時間利用得好，能讓自己的事業步步高，業餘時間利用得好，能讓自己的事業錦上添花，能讓自己站得更高，看得更遠。

你對自己工作外的業餘時間是如何安排的呢？也許，有很多人的回答就是放鬆一下，看電視，玩遊戲，睡覺等。其實這樣的做法並沒有讓自己的業餘時間發揮出價值。不要小看業餘時間，往往這些業餘時間往往能造就一個人，也可以毀掉一個人。

在一座城市的郊區住著三戶人家，他們三家的房子正好位在同一排。三家的男主人同時都在城裡的一家煉鐵廠打工。

在煉鐵廠工作很辛苦，而且薪水也不高。所以下班後他們三個人都各有自己要做的事情。其中一個買了一輛三輪車，於是下班後就去城裡載人，一個則在街邊擺了一個修車攤，還有一個下班後並沒有去賺外快，而是安安靜靜的在家裡看書、寫文章。這三個人中，騎三輪車的那位賺的錢最多，他載客人的錢都比自己在煉鐵廠賺得多，而那位修車的收入也不錯，最起碼支付柴米油鹽的日常開支還是沒問題的，只有那位讀書寫文章的人沒有收入，可是他的生活很自在。

有一天，三個人坐在一起聊天，突然間他們就談到了理想這個話題。於是他們就相互交流了一下。騎三輪車的人說：「我以後要是天天能拉到客人就很滿足了。」修車的說：「我非常希望自己能在城裡開一個修車廠。」喜歡讀書的那個人思索了一會兒說：「我打算以後離開這家煉鐵廠，我想當一名作家。」他的理想在這三位中是最難實現的，其他兩位聽了他的話之後，根本就不相信他能實現理想。

五年過去了，他們三個依然過著原來的生活。可是十年後卻產生了變化，那位修車的實現了自己的理想，他在城裡開了一家修車廠，自己當起了老闆。而那位踩三輪車的依然在煉鐵廠，下班後去城裡載客人。而那位看書寫字的人，已經發表了很多作品，並且出版了個人作品集，成了一名有名氣的作家。

看似並不多的業餘時間，卻讓他們之間有了這麼大的差距。由此可見，業餘時間利用好了，自己的人生也能增值。

人的生命是有限的，但人生的價值則是無限的。我們完全可以利用有限的生命去創造出無限的人生價值。時間具有雙重性，最慢也最快，最小也最大，最長也最短。有人說，時間就像一塊海綿，要一點一點的擠，要會合理利用。只有一點一滴累積，才會得到充足的時間。而對業餘時間的合理利用，則為我們走向成功增加了很大的籌碼。

我們再來看下面這則故事：

麥都在十四歲的時候，由於尚年幼，對於格林·布魯斯先生曾經告訴他的一個道理沒有注意，在他後來回想的時候，覺得布魯斯的話說得簡直太對了，直至他長大成人後的工作和生活，也從這句話中受到了很多啟示。

格林·布魯斯是麥都的鋼琴老師。在一次上鋼琴課的時候，老師忽然問麥都每天花多長時間去練琴。麥都說大約三、四個小時吧。

「你每次練習的時間都很長嗎？」

「對，我是這麼認為的。」麥都說。

「不，你最好不要這樣。」布魯斯說，「等你長大後，你就沒有那麼長的時間去練琴了。但是你可以在每天有空的時候練幾分鐘。比如在你上放學之後，或在午飯以後，或在休息的時候，每次只需五分到十分鐘的時間就可以了。這樣，就可以把練習的時間分散在自己一天的生活裡面，彈鋼琴就成了你日常生活中的一部分了。」

後來當麥都成了哥倫比亞大學教授的時候，他曾一度想兼職從事寫作。可是學校的好多事情，包括上課、閱試卷、開會等事情，這些事情都把他白天晚上的時間全部占滿了。在兩年的時間裡，他想進行創作的計畫一直沒有執行，甚至連一個字都沒有寫。他總是說自己沒有時間。突然有一天她想起了當年格林·布魯斯先生告訴他的話。

於是，當新的一週到來的時候，麥都就按照格林老師的話去做了。他每天只利用五分鐘的時間寫個一百字左右或是短短幾行文字。可是讓他沒有想到的是，到週末的時候寫的字數已經很多了。後來，他就把這個方法用在了小說創作上。雖然他的授課時數繁重，可是他每天仍有許多可以好好利用的空餘時間。他還覺得每天這些小小的間歇時間，對他從事創作和彈琴這兩項工作來說已經足夠了。

就算是幾分鐘的業餘時間都能創造出很大的價值，麥都的事例告訴我們，任何業餘時間都不可不在乎，用得好的人，就像魚躍龍門，能奔向更廣闊的天地，創造更驚人的成績。

用百分之百的熱情做百分之一的事情

熱情是一種非常可貴的特質。有人曾說：「要想獲得這個世界上最大的獎賞，你必須要像最偉大的開拓者一樣，將自己的夢想轉化為熱情，以此來發展和推銷自己的才能。」擁有熱情，會讓自己對工作時間的安排更合理，會讓自己的工作效率提高很多。

歷史上曾經所發生過的巨變和奇蹟，不論是社會、經濟、哲學還是藝術領域，只有當參與的人擁有百分之百的熱情才能將這件事辦好。我們知道，拿破崙發動一場戰役只需要準備兩週的時間就夠了，如果換成別人，那很有可能就需要一年時間來準備。為什麼會有這麼大的差別呢？就是因為拿破崙對在戰場取勝擁有無與倫比的熱情。

偉大人物對自己人生使命的熱情可以改寫歷史，對於我們普通人而言，我們對工作的熱情可以改變自己的人生。

著名的保險推銷員貝特格就是憑藉自己對工作的熱情而創造出了讓人難以想像的奇蹟。

當年，貝特格剛剛進入職業棒球界，遭受到了他有生以來最沉重的一次打擊——球隊開除了他。這是因為他的動作看上去沒有一點力度，球隊經理便讓他退隊。當時，經理對他說了這樣的話：「你是個慢性子的人，在球場上慢吞吞的，根本不適合這個職業。貝特格，當你離開這裡之後，將來無論從事什麼工作，都要打起精神，否則你永遠都不會有出路。」

這時，貝特格除了打球之外也沒有其他的路可走，所以他去了另外一支球隊，從此以後，他便成了大西洋聯賽中的一員。這個比賽的級別很低，所以領取的薪水也很低，和約翰斯頓隊的一百七十五美元相比，來到這裡他每個月只能領二十五美元的薪水。這更讓他沒有了任何熱情。可是他想：「我必須激發自己的熱情，因為我要吃飯。」

貝特格來到這支球隊的第三天，他認識了一位叫波恩的老球員。波恩勸貝特格不要參加大西洋聯賽這類低級別的賽事。可是貝特格很沮喪的說：「當我還沒有找到更好的工作之前，什麼我都願意做。」

過了一段時候，貝特格在波恩的引薦下，順利加入了一支叫紐哈芬的球隊。在這支球隊中，沒有一個人認識貝特格，當然更沒有人指責他。從那一刻起，他在心底暗暗發誓，自己一定要成為整個球隊最具活力，最有熱情的球員。這個決心深深印在了他的腦海中。

在接下來的時間裡，貝特格就像永遠不知疲倦的機器人似的總是奔跑在球場，經過了不斷的訓練，他的球技也得到了很大的提升，特別是在投球的時候，不但動作迅速而且非常有力，有時甚至都能震落接球隊友的護手套。

有一次舉行聯賽，貝特格所在的球隊遭遇到了非常強勁的對手。當時正是炎熱的夏季，太陽火辣辣的炙烤著大地，人就像置身於蒸籠似的，在這樣的情況下，人很容易中暑暈倒，面對氣溫和強大對手的考驗，貝特格並沒有因此退卻。在比較已經接近尾聲的幾分鐘裡，由於對方球員在接球的時候出現了失誤，於是貝特格便抓住了這個千載難逢的機會迅速攻向對方主壘。結果在最後關頭為自己的球隊贏得了決定勝負的一分。

從此以後，貝特格的薪水有了很大的漲幅，由原來每月的二十五美元漲到了一百八十五美元。如此巨大漲幅曾經讓他一度產生不真實的感覺，他甚至都不知道除了熱情之外還有什麼能讓自己的薪水漲得如此之快。

貝特格的成功與他的熱情有著分不開的關係。他的熱情至少產生了這幾種效果：第一，讓他將恐懼和緊張拋至腦後，將自己的技術水準發揮到了極點；第二，他「瘋狂」般的熱情讓其他隊友受到了感染，他們也變得活力四射，所以讓他們的球隊首先在氣勢上就比對方勝出一籌。這些都促使了他的成功。

當我們拿出了百分之百的熱情來對待百分之一的事情時，不要總是覺得而這個百分之一是多麼的「微不足道」，這樣一來，你就會發現自己原來的平凡生活其實是很充實、很美好的。

對於我們來說，熱情就像是生命。有了熱情，我們就可以將潛藏在自己內心深處的巨大能量釋放出來，從而發展出自己堅強的個性；有了熱情，那些枯燥乏味的工作也會變得生動有趣，這樣不但能讓我們充滿活力，同時也能培養我們對事業的不斷追求之心；有了熱情，我們就能為周圍的同事帶來積極的感染，讓他們理解我們、支持我們，從而給自己的人際關係添加光彩的一頁；有了熱情，我們在工作中便可以獲得老闆的提拔和重用，從而為自己贏得珍貴的成長和發展機會。

如果一個人沒有熱情，那麼他對待自己的工作就不可能做到始終如一，不可能做到保質保量的完成，也就不可能做出創造性的業績。倘若我們失去了熱情，那麼我們將很難在職場中立足和成長，很難取得事業的成功的事業。所以，我們應該從現在開始，對自己的工作傾注全部熱情！

不要讓行事曆成為我們的束縛

管理時間，離不開「行事曆」。可是又很多人正是由於這個表的存在，反而讓自己的時間安排受到了限制。事實上，行事曆上的待辦事項只是正常情況下的，生活中總有一些我們事先沒有預想到的事情。所以，對於行事曆要靈活對待，不要被它所束縛。

人們常說，計畫趕不上變化。我們在日常生活和工作中，如果將行事曆看得就像不能改變的聖旨似的，必須嚴格按照上面的安排去做事的話，這並不是正確的做法，而應該隨著事情的變化也要相應調整自己的計畫。比如，原本在行事曆上已經安排好的事情，可是因為下雨、身體不適或者其他的原因我們就不得不改變原來的計畫。而不可能勉強還按照原定計畫去執行。

對我們來說，一個好的行事曆應該是有一定的預見性的，應該順其自然，而不是受到受時鐘或者日曆的影響。

我們來看看這個事例：

麥可先生和妻子在夏威夷買了一塊地，然後準備在這塊土地上設計和建造一幢不需要維護的房子。他們打算在冬天來臨的時候，處理好公司的各項事務後去夏威夷度假。

麥可先生是一位作家，現在為了建造這幢房子，他把自己的一些手稿、新書的構思和他這兩個月內計劃要做的很多事情都放在了一邊，這個時候，整理花園、做園藝設計、拜訪夏威夷的朋友和監督建造屋子就是麥可先生的主要任務。而對待這些事情，麥可先生並沒有預先安排好做這些事情的順序，也沒有將它們塞進自己的任務清單裡，在他看來，這些僅僅是一些目標罷了。

接下來開始工作的時候，第一天陽光明媚，麥可先生和妻子整天都在花園裡除草，這項工作並不是行事曆安排好的。到了吃飯的時間麥可先生也沒有停下來，因為他覺得自己這樣進行工作感到很有滿足感。第二天，麥可先生還是做這件事，他帶著一種輕快的感覺，同時還決定在未來的五天中都做同樣的事情。雖然麥可先生的這些工作並沒有排進行事曆中，但是他依然為此做了準備。

但是在接下來的幾天中，天一直下雨，他從來沒見過這麼大的雨。於是，麥可先生便選擇了一個寫書的題目，這項工作也是他之前完全是沒有安排過的。這個選題在當時非常符合麥可先生的心情，然後他又花了四天的時候來寫提綱。期間，麥可先生還接到了一家電視台的節目錄製通知。然後又按照約定時間去錄製了這檔節目，當然這在他的行事曆中也是沒有的。麥可先生甚至去了華盛頓兩天。後來，麥可先生又接到了兩通電話，還有一些重要的事情要做。麥可先生就是這樣在一個星期中完成了這些事。

我們可以想想如果麥可先生一直遵守著「行事曆」，按照上面的計畫去做的話，也許就只能完成這些事情中的一半，而且還會讓自己一直處在重新安排計劃的混亂狀態中。由此可見，過分嚴格的行事曆通常是不會帶來收益的。

有時候，假使我們說「下個週末我打算打掃車庫」，說完便安排著給自己預留出那段時間。但很可能完成這件工作並不需要那麼長的時間，我們可能會將其延長，直到用掉了整個週末。其實我們完全可以做出選擇，是想用兩天的時間去完成這項工作呢，還是說應該更有效率一些，用半天就可以了。如果我們能想清楚，那不但能少用時間還能將事情做好。

通常，我們還會遇到一些讓自己感到畏懼的工作，覺得這項工作可能不是那麼容易完成，於是就可能在腦子裡誇大了它們的困難程度，從而對完成這些事情所需要的時間估計得過多。例如，在辦公室的角落裡堆放著著一大堆簡報，已經很長時間了。可能要將這些全部整理好並歸檔要花不少的時間，大家看了都會感到害怕。最後，有人勇敢的去面對了，結果也許可能只用了三個小時就解決了這些一直困擾著大家的事情，因為在很多人看來，這至少得花兩天的時間。如果做這個工作的人給自己預留兩天來完成的話，那麼很可能就確實會需要那麼長的時間。

當然我們也不能給自己的時間分配太少，如果時間太少，就可能造成時間到了，任務沒有完成。這可能會讓我們滿懷愧疚。於是，還可能產生一系列的連鎖反應，比如還需重新分配時間、重新分配任務等等。

事實上，生活的樂趣就是爭取時間，利用時間，和時間賽跑。利用時間應該遵循行事曆，但要靈活一點，不要被自己訂定的行事曆所束縛。這樣在實際中才能真正將自己的工作做好，才能真正提高效率。

將時間花在學習上

將我們的時間花在學習上，雖然可能不會取得立竿見影的功效，但是隨著時間的推移，我們的層次就會逐漸提高，從而讓我們取得成功，產生從量變到質變的飛躍。

我們都知道，一分耕耘，一分收穫。

當一群二十多歲年輕人在剛就業的時候，都可能面臨相同的境遇，做著一些剛剛入門的工作，而且薪水也不高。可是經過十年的時間，當大家都到了三十歲之後，我們再將這群人集中起來比較一下就會發現，有的人已經成了所在行業的菁英或者已開創出自己的事業，事業有成，家庭美滿幸福，目光裡透著自信。

而這時依然停滯不前的人就顯得有些難堪了，二十多歲的時候自己身無長物還可以諒解，畢竟剛剛進入社會，閱歷還比較淺。可是過了三十依然兩手空空，這看起來就會讓人覺得寒酸。也許我們有的人會把這種差別歸咎於社會、歸咎於機遇，但其實最終的問題其實都在於我們自己，都是因為我們沒有管理好自己的時間而造成的，當別人在不斷學習和成長的時候，我們卻沒有沒把時間用在這方面，而將時間都用在了放鬆、遊玩上面。而且還總覺得自己沒有時間、沒有機會學習，這些話都是藉口。不管在多麼艱難的情況下，只要我們不放棄，就沒有什麼力量能阻止我們學習的腳步。我們應該牢記這句名言「時間就像海綿裡的水，只要擠擠，還是會有的。」

亞洲首富李嘉誠在接受一家媒體採訪的時候說，他的成功靠的就是不斷學習，給自己的學習分配了大量的時間。

李嘉誠勤於學習的精神是顯而易見的，幾乎在任何情況下他都不忘記學習。在年輕的時候，他在受僱期間用高度的熱情去學習自己對工作不懂的部分；創業期間仍堅持自學；當事業成功，開始經營自己的「商業王國」了，他依然孜孜不倦的堅持學習。

李嘉誠在每晚睡前都安排了看書的時間，而且早已經形成習慣。他特別喜歡看人物傳記，不論是什麼行業，對社會有所幫助的人都讓他很佩服，都讓他心存景仰。

他很早就開始執行學習英語的計畫。為此他專門聘請了一位私人教師，在每天早上七點半就開始上課，等上課結束後再去上班，一直都是如此。當年，在經營塑膠工廠時，他還訂閱了英文版本的塑膠雜誌，這樣一來既能提高他的英文程度，同時還了解了世界最新的塑膠行業動態。

當時在香港，懂得英文的華人都沒有幾個，學會了英文李嘉誠就可以直接飛往英美去參加各種大型展銷會。而且能直接與外籍顧問、銀行的高層進行交流，這為他成功進入國際市場提供了很好的保障。

李嘉誠的成功，是因為他能將更多的時間用在學習上，不斷安排時間學習，就會不斷進步，所以他成功了。

我們不要覺得當自己拿到了文憑，走出了校門，學習的歷程就結束了。即使我們已經擁有了足夠的資格證書，可是還需要在社會上不斷學習，這才能繼續走上坡路。把自己的時間多在學習上分配點，可以經常參加一些培訓班或研討會，這樣做既能讓我們學到一些新的知識和觀念，也能讓我們進一步了解行業發展趨勢。

不要對參加培訓班或研討會不屑一顧，事實上，如果遇到同行，我們就可以進行彼此的經驗交流工作，探討這個行業的發展趨勢，從而可以了解到更多有關的行業資訊。這些資訊對我們做出決策和發展事業都是很有幫助的。如果沒有遇到同行，那也有可能會遇到我們的的顧客。而且我們也有可能從對方那裡得到我們正在尋找的東西。

要走向成功，就不要忽視花在學習上的時間。這是非常重要的。只有我們為自己的學習分配了足夠的時間，這才可能讓我們與時俱進，不斷提升自己。

倘若等到我們年齡漸漸增長了，頭髮由黑變白時才後悔自己當初沒有趁早學習，沒有將該學的都學會，沒有將該做的都做了，這就為時晚了，因為逝去的時間是無法再找回來的。

第三章 設定目標：騰出時間去思考

沒有目標，任何時間管理都是在浪費時間

只有先制定目標，根據已制定的目標才能制定出合理的完成計畫，並且在此基礎上避免出現浪費時間的現象。

你認為世界上什麼是最寶貴的？有的人說是財富，財富可以買到任何你想要的東西；有人說是機遇，因為只有把握機遇，才能擁有成功；有人說是健康，健康的體魄才能保障一個人的正常活動……。答案眾說紛紜，但都有失偏頗。莊子說過：「人生天地之間，若白駒之過隙，忽然而已。」一語中的道出時間的緊迫性，其實在這個世界上，時間才是最寶貴的。沒有時間，縱使你再富可敵國、體魄強健，也無法施展你的才能和抱負。

既然時間如此寶貴，我們必須要珍惜時間，才能利用時間創造出更多的效益。為了避免浪費時間，

我們必須學會有效管理自己的時間。想要成功的管理時間，我們必須確定自己的目標，按圖索驥來管理時間。

一家調查機構向全是白領的電子信箱裡發送了這樣一封郵件，郵件的內容是一個故事，加上一道題目：「如果時光可以倒流，你的人生會改變嗎？」故事是這樣的：

世界上最著名的牧師莫過於美國納德．蘭塞姆牧師，從他開始做牧師起，聆聽過一萬多名臨終者的懺悔，為他們禱告。回到住處的時候，納德．蘭塞姆牧師會將每名臨終者的懺悔記在日記裡。

納德．蘭塞姆晚年的時候，已經沒有能力去親臨臨終者窗前聆聽他們的懺悔了，於是他拿出了那些記載懺悔的日記本，將他們整理成冊，取名為《最後的話語》。不幸的是芝加哥遭遇地震，一場大火將他所記下的六十多本日記付之一炬。老人心痛不已，想要憑藉自己的記憶再次著書。但奈何納德．蘭塞姆當時已九十歲高齡，顯然這個願望已不能實現。

四年之後納德．蘭塞姆牧師去世，世人在整理他的物品時發現一個牛皮紙袋，裡面有一張泛黃的信紙，上面寫著這樣一句話「假如時光可以倒流，世上一半的人可以成為偉人……。」這句話最後被刻在納德．蘭塞姆的墓碑上。

看完這個故事，白領的回覆五花八門。有的堅持自己所選的路、有的會從頭再來……有一個答案發人深省：「如果時光可以倒流，我不會浪費我的時間，渾渾噩噩的生活，反而會明確一個目標，以目標為圓心安排我的人生。」

很多人談到現在的生活和工作，或多或少都會流露出一絲絲悔意，他們埋怨自己當初沒有好好學習，後悔當初沒有把握機遇，後悔不該這樣浪費時間……但是我們知道人生沒有時光隧道，無論你選擇怎樣的生活方式，日子都是一天天往前走。

也許回到從前再重新走一遭人生，你會更成功。可是時間就像是在弦上的箭不得不發一樣，沒有回頭路。這個時候，你唯一能補償自己的，就是好好把握現在這一瞬間。不要因現在虛度時光，而使未來的你更為悔恨。想把握每一分時間，我們必須確定自己的目標，為了實現目標，我們才能時時刻刻牢記發揮時間最大的效用。

關於目標，搭乘過計程車，你就會有深一層的體會。大街上的空計程車總是漫無目的慢慢在捷運站、購物中心門口徘徊，希望能夠載到客人；而載到客人的計程車卻總是加足馬力，朝著客人的目的地全速前進。這就是目標的強大作用，它就是你的指南針。

從管理時間的角度來分析目標，首先它能讓我們認清事務的輕重緩急，其次目標能夠促使我們牢牢的把握現在。

目標會指導我們判斷一件事務的輕重緩急，沒有目標的指導，我們會自然而然的從頭做到尾，使自己完全迷失在那些跟成功脫軌、與理想絕緣的日常雜務當中。如果你不想成為被瑣事所束縛的人，樹立一個目標是你不錯的選擇。

把握當下的每分每秒，是成功人士制勝的法寶，他們既不會忽視時間，更不會輕視時間，而會充分利用每一分鐘來實現自己的目標。關於目標的走向，希萊爾·貝洛克曾有這樣的敘述：「雖然目標是朝向未來的，但是未來的目標是奠基於現在實現的，我們必須把握現在。」他說：「當你沉浸在對過去的悔恨和夢想著將來的美好時，你唯一能夠抓緊的現在正在悄悄溜走。」即使是再磅礴的理想，都是基於現在、當下這個小小的目標。

試想，如果你的腦海中確定了一個具體的目標，那麼你的所有注意力將全部轉移到這個目標上。在目標上投入自己的時間和精力，你勢必會有所收穫，這是一個良性循環，只有積極投身於目標當中，你才能擁抱成功！

明確你的目標，讓夢想有的放矢

目標是一個人一切行動的最終展現，每個人的目標跟他的夢想都是直接掛鉤的。如果你連自己的目標都不了解，那就會白白浪費自己的時間，還怎麼談實現夢想？

不知道你的方向，即便你開著頂級名車，都不會一路順風；

不知道你的目的地，即便你搭上最安全的船，都未必會順風順水；

不知道你的終點，即便給你一匹汗血寶馬，都不會及時到達；

……

如果你找不到自己的目標，那麼即便選擇最上乘的交通工具，都不會到達終點。人生也是如此，要想實現夢想，必須確定自己的目標，有句話說得好：「如果你知道去哪裡，世界都會為你讓路。」

我們當中的很多人活得渾渾噩噩，「做一天和尚敲一天鐘」正是這種人的真實寫照。活在人世間，就像行屍走肉般，既沒有目的地，更別奢談夢想，到最後，和有目標的人相比，他們都花費了同樣的時間，可是沒有目標的人最終下場只有一個，那就是毫無成就。他們沒有讓自己擁有的時間發揮真正的作用。所以，我們要做一個有目標的人，朝著自己的夢想堅定不移的走下去，這才能利用好自己的時間，從而取得成功！

景振在大學畢業之後，在朋友的建議下來到一間貿易公司工作，每天的工作就是處理公司的貿易清單，但是朝九晚五的規律生活，景振感受不到任何熱忱，在他的認知裡，自己就應該每天在職場上戰鬥、拼殺，於是景振毅然選擇了辭職。

後來他找了一份銷售的工作，每天忙得天昏地暗，早上圍著上司轉、下午圍著客戶轉，從沒有準時下班過。三個月之後，景振沒有什麼業績，身體上也有點吃不消，於是再一次辭職。

父母看著景振無所事事，於是靠關係把景振安排進公家機關，景振本想著這回總算能放慢腳步了，結果整天無所事事，更加無聊了。

畢業一年的同學聚會上，景振發現同學中有的創業自己成了老闆、有的已經結婚馬上要生孩子了……而且很多上學的時候不如自己的人都已經很有成就了，自己卻每天還在混日子，景振很羨慕別人，但是卻不知道這到底是因為什麼？

在我們的生活中，有很多人跟景振有相似的經歷，他們看到別人所取得的成就會很羨慕，可是自己總是碌碌無為、無所事事。探究其中的原因，我們發現類似景振的人並不是天生能力欠缺，不能實現自己的抱負，最關鍵的問題是他們的生活沒有目標。因為沒有目標，所以就很難對自己的時間進行高效的利用，這是一個惡性循環。越沒目標，時間的利用就越糊塗，也就越沒效率。而只有明確自己的目標，才能知道自己接下來的時間應該怎麼分配。

對我們而言，目標是鞭策我們前進的動力，目標是我們心中的一副藍圖，在這份藍圖上綻放著一個夢想，只有凝視我們的目標藍圖，才會促使我們向自己的目標前進，才會促使我們對自己的時間做出計畫。

目標就是我們的方向，相信當我們在朝著自己的目標前進的過程中，對時間的合理利用和安排會讓我們早點看到自己的目標，早點體會到成功的滋味。

此外，無論在生活還是工作中，目標更會引導你找到做事的重點。在從事一項工作的時候，有的人忙得昏天暗地，最終卻一事無成。而有的人只是小試牛刀，便取得事半功倍的效果。後者之所以能夠如此輕鬆，完全是因為找到了目標，有了目標，就能根據目標的實現步驟合理安排自己的時間。我們知道「打蛇打七寸」，若成功捕到蛇是我們的願景、夢想的話，那蛇的七寸這個部位就是成功捕蛇的關鍵所在，也就如同我們的目標。因此，當我們專注於目標的時候，才會使自己的時間得到更好的利用。

森林裡有兩隻松鼠，每年在冬季即將到來之際牠們都會去撿松果，儲藏以備過冬。但是兩隻小松鼠所撿的松果不一樣，於是兩者的冬天有不一樣的生活。

第一隻松鼠重量不重質，只要是松果一律撿到自己的洞穴內；而第二隻對松果總會先進行一下篩選，過小的不要、不飽滿的也不要，所以牠的洞穴內都是飽滿圓潤的松果。

冬天來了，第一隻松鼠的洞穴內，那些濫竽充數的松果有的乾癟、有的乾脆已經腐爛，牠在冬天感到很難挨，於是就向第二隻松鼠求救。走進這隻松鼠的洞穴內，牠發現裡面的松果還是很飽滿，牠想不明白牠倆撿的松果怎麼會有這麼大的差別，於是便詢問第二隻松鼠。

第二隻松鼠說：「在撿松果的時候，只要是松果你就撿回去，所以品質參差不齊，有很多松果本來就沒有成熟，到了洞內便腐爛不堪了。而我撿松果的時候，那些飽滿、成熟的松果才是我的目標，你看它們現在還好好的，我的冬天飽食無憂啊！」

我們就像故事中的松鼠一樣，有的人漫無目的生活，結果當然是毫無成就，可以說兩者的差距在於有無「目標」。目標可以給我們帶來信心、熱情和膽量等正面力量，更會把我們打磨得更加完美，更能適應這個社會。

德國著名詩人歌德曾經說過：「人生重要的事情就是確定一個偉大的目標，並決心實現它。」目標就是你的理想，沒有目標的人生就會失去前行的方向；沒有方向，何談生活的意義？

目標的存在讓我們具象化我們的夢想，加大實現夢想的力度，拉近與夢想的距離。而且在這個實現夢想的過程中，還會促進完善我們自身，挖掘我們自身更大的潛能，使我們日臻完美。只有當你的全部身心投入到對目標的實現當中，朝著自己的目標前進，才會擁抱成功！

騰出時間，進行反思與總結

在設定目標之前，特地拿出一段時間來思考、自我覺察，是我們每一個人都應該做的。在自我覺察的過程中，我們應盡量進行自我反思和總結。有一個自我覺察的過程，會幫助我們更確定心中的目標。

訂有明確的目標可以幫助我們認清我們的實力，它可以激發我們的鬥志，並且挖掘我們的潛能。而諸如李嘉誠、比爾蓋茲等中外成功人士都很清楚，他們的成功是透過實現一個個小目標累積的，所以他們珍視每一個小目標，並且會透過思考來達成這個目標。

目標不止是我們的小型理想，更是約束我們行為的一種硬性標準，只有設定一個可行的目標，才能使我們的能力得到彰顯。但是在這樣的一個過程裡，進行自我覺察是我們必須去做的，在了解自身能力的基礎上，才能規劃實現目標的可能性。這是在自我覺察的過程中，我們每一個人都應該做的。

那麼我們應該怎樣自我覺察？簡單來說你要專門空出一天的時間，用來思考和構築你的理想。在這一天裡你不能被他人干擾，到一個令你可以獨立思考並且愉快的地方，帶上紙和筆，詢問自己以下幾個問題：

我是否天賦異稟？

我的特殊才能有哪些？

在我過往的經歷中，哪些與眾不同？

做什麼，我能做得特別出色？

……

相信幾個簡單的問題，便會使你更深一層的認識自己。做到了自我覺察，我們才能離目標更近一步。

劉丹參加工作兩年來，一直沒有得到升遷，還是一名小職員，薪水也依舊是第一個月的薪水。而同期進入公司的孫詠卻在到職短短半年之內，不只當上組長，薪水也增加了很多。這讓劉丹很納悶，她不知道這是為什麼。

一次跟孫詠出差的機會，劉丹發現了其中的奧妙，認識到了自己與孫詠的差距。這次到臺南出差，是為了見一位跟公司合作很久的老客戶。因為合作的淵源很深，劉丹根本沒有在意，完全把這次出差當成旅遊了。而孫詠則不同，一天劉丹無意間瞥見孫詠的工作紀錄，發現上面密密麻麻的記錄著什麼，於是仔細看了看，原來是會見客戶的事項。其中會見客戶的時間、禮儀，工作計畫上的一段文字引起了劉丹的注意，上面寫著：

這次會見客戶的目標是為了與客戶簽下合約，為了實現這個目標的首先要打消客戶的疑慮，讓他再一次相信我們公司的產品。其次應該跟客戶建立更為牢固的合作關係，不能因為外界的傳聞而失去這位客戶對公司的信任。

為了打消客戶對公司產品的疑慮，應該在客戶面前展示我們的產品，並且讓客戶參與到產品展示當中，這樣才能使客戶身臨其境感受到產品的真正價值，為建立更為牢固的合作關係打下堅實的基礎……。

劉丹沒有想到只是一次簡單的出差會見客戶，孫詠做了這樣詳細的工作計畫，更令人難以置信的是，孫詠還在每個目標當中設立幾個小目標，並且認真分析其中的注意事項。劉丹不禁感慨道：也許就是這些準備與思考，是孫詠迅速升遷的主要原因。

在現實生活中，我們當中的很多人跟隨時代的潮流人云亦云，別人做什麼我們做什麼，過多的慣性思維綁架了我們的思想，迫使我們不會站在自己的角度上思考。這樣的結果只會阻礙我們前進的步伐，事實上這些人的一生都是毫無目標的一生，他們只是在複製，複製每天的無聊，卻浪費了時間。

人們常說，最大的敵人不是別人，正是你自己。所以無論怎樣，我們都應該學會自我解救，我們應該先為自己制定一個奮鬥的目標，然後進行自我對話，在完成這個目標的過程中會遇到哪些困難，依照過去的經驗，我們應該怎樣解決這些困難？只有將目標寫下來，將自己一天的工作安排好，這樣才能時時刻刻都按照目標的進度前進。

成功者都是按照自己的終極理想來制定每個週期的小目標，並且在此過程中時時思考：我想成為什麼樣的人？我想得到什麼樣的結果？只有考慮周全才能成就大事，成就大事的首要步驟是確定明確的目標。

不要太忙碌，要有足夠的時間去思考

人需要不斷思考，總是讓自己處在忙碌的狀態不一定能讓自己過得充實，也不一定能提高自己。要留足思考的時間。有足夠的時間去思考，才可能隨時發現自己的問題，進而在工作和生活中去改善。

有一位智者曾經說過，無論何時何地，人都不要忘記思考。一個人能否取得成功，除了社會條件和工作態度以外，還有一個極其重要的條件，那就是給自己留下一片空間，開動腦筋，認真思考。

一天晚上，英國物理學家拉塞福走進實驗室，看見仍然有一個學生俯身在工作台上。

「這麼晚了，你還在做什麼？」拉塞福問道。

學生回答說：「我在工作。」

「那你下午做什麼了？」

「也在工作。」

「那麼你早上也在工作嗎？」他繼續問道。

「是的，教授，早上我也在工作。」學生帶著謙恭的表情承認了，並等待著這位著名學者的讚許。可是令這位學生出乎意料的是，拉塞福並沒有稱讚他，而是略微沉吟了一下：「可是，這樣一來，你用什麼時間來思考呢？」

誠然，一切成果的取得都離不開實踐。但如果每天忙忙碌碌，從不思考，也是非常可怕的。人之所以是人，就是因為懂得思考。動物是憑本能而不思考的，所以動物依然是動物。因此，一定要從實踐出發，「學會分析事物的方法，養成思考的習慣」，在實踐中思考，在思考中實踐。實踐是一種磨練，思考同樣是一種磨練，而且是一種更深層次的磨練。

有了思考空間，才能從司空見慣的現象中有所發現。牛頓在思考空間思考了「蘋果從樹上自由落下」的原理，於是他探索出了「萬有引力」；瓦特在思考空間思考了「壺蓋被開水頂動」是為什麼，引導他發明了蒸汽機；伽利略在思考空間思考了「不同長度掛燈的搖擺所花費的時間」，促使他發現了等時性原理……諸如此類的現象，尋常人視若無睹，惟有具有探求精神的人，才會將它細細思考，並透過孜孜不倦的追求，以致於有所發現、有所發明、有所創造。

有了思考的空間，才能從前人的「定論」中有所突破。

亞里斯多德曾斷言：「物體從高空落下，快慢與其重量成正比。」面對早已「蓋棺」的「定論」，伽利略不是「連想都不去想」，而是重新用實踐檢驗它是否是真理。

他拿著兩顆重量不同的球，跑到比薩斜塔上一次次往下扔，結果證明亞里斯多德的斷言是錯誤的。不僅如此，伽利略還從中掌握了物體運動的軌跡，推動了力學的發展。

「在你眼裡，偉人之所以偉大，是因為你還跪著。」站起身並拉開一定的距離，你就會發現偉人也是人，他們一樣面對著各種條件的局限，他們同樣有這樣或那樣的缺點和不足。若是跪倒在「電磁波穿過空氣層就會一去不復返」這一「定論」的腳下，馬可尼就不能把無線電信號送過大西洋，開創無線電事業；跪倒在牛頓「時間、空間絕對不變」這一「定論」的腳下，就沒有愛因斯坦的相對論。以上這些不都是勇於向權威挑戰的結果嗎？

有了思考的空間，才能對自身的實踐有理性的提升。在工作順利時，有些人的頭腦往往被成績裝得滿滿的，失去了思考的空間，其後果不言而喻。其實，成功時要思考的問題很多。成功的條件是什麼？

發展的前景是什麼？要繼續開拓前進，還需要做什麼……在這樣的節點上多思多想，才能使我們保持清醒頭腦。

遇到挫折更要有思考的空間。所謂失敗是成功之母是有條件的。條件便是動腦筋，找出原因，接受教訓。現實情況往往是，一有失誤有人便說：「沒關係，只當是交了一次學費。」如果別人這樣說，作為一種熱情的勉勵和鼓舞，當然是有其積極意義的；但如果自己先這樣講，那就未免有失慎重了。失誤是允許的，然而不能忘記，我們的目標是成功。

有了思考空間，才能有一個再創造的天地。知識、經驗可以為我們提供思路，使我們輕車熟路的解決許多以前遇到過或未遇到過的問題，並且為我們提供規律原則。但另一方面，正是這樣的規律太多，則可能給我們提供了僵化的教條。心理學中有個概念叫「定勢」，它是指人們在解決問題時，過於相信從前解決問題所用的方法。當人們習慣於做什麼，就很容易養成一種思維偏見，成為習慣的奴隸，墨守成規，雖然掌握了規律，卻忽略了創造。所以，我們對待知識和經驗應防止習慣和頑固，在頭腦中留一片思考的空間，讓給創造。

無論你處境如何，都要留點時間去思考。在順境中多思考，我們能保持清醒的頭腦、穩健前進的腳步；在逆境中多思考，我們會找到失敗的癥結，踏上通往成功的道路。

制定切實可行的目標

要走向成功，離不開為之奮鬥的目標，因為它能為我們指明方向，方向明確，動力十足，就能讓自己的時間得到充分利用，這樣離成功就會越來越近。不論做什麼事，制定目標都是第一步，制定好目標就有了時間安排，這是一個良好的開端，有了這一步，後面的事情才有著落。否則，一切只能是無源之水，無本之木。

目標是一切成就的起點。眼光短淺，缺乏長遠目標會導致你急功近利、一事無成，而好高騖遠、不切實際的目標則不能實現。這兩種情況，看起來也都用了時間，可是這些時間並沒有發揮到正向的作用。所以，人生的事業和目標的選擇，只有適合自己才是最佳的。實現一個目標的時間，必然伴隨時間的分配和利用的問題。時間運用得好，就能讓我們早日實現目標，如果利用不好或者浪費時間，那就可能讓我們的目標變得非常遙遠。

有一座風景秀麗的水庫，每天來這裡遊玩的人很多，遊客中也有一些來這裡垂釣的人。一天，一名垂釣者釣上了一條很大的魚，看上去足有三四公斤重。釣到這麼大的魚在我們看來是再好不過的事了。誰知，這個垂釣者從魚嘴裡取下魚鉤後，就把魚順手放回了水庫。

周圍的人看了都說這麼大的魚他都不滿意，看來垂釣者很有野心啊。過了一會兒，他又釣上來一條，這條魚雖然沒有剛才的大，但也足有兩三公斤重。垂釣者還是上次一樣，把牠放回了水庫。第三次，垂釣者再次揚起釣竿，這次釣到的是一條還不到半尺長的魚，充其量也就半公斤左右。周圍的遊客覺得這條魚肯定也會被放回。沒想到，垂釣者取下魚鉤後，小心翼翼的把牠放進自己裝魚的袋子中。

遊客們不解的問：「先生，您為什麼要捨大取小呢？」垂釣者很平靜的回答說：「因為我家最大的盤子只有三十公分長，開始釣到的那幾條都太大了，拿回去盤子裡也放不下。」

從上面的故事中，我們可以得出：在確立自己的目標時，找到適合自己的目標才是最重要的。否則，你的生活將永遠不會美滿。適合自己的才是最好的。要是你發現自己的目標並不適合自己，就要適時更換，重新確定自己的強項，選擇更適合自己的目標而努力。

里凡·莫頓是美國有名的銀行家。他最初做的是布匹生意，後來轉而投資銀行。

當他在銀行業上做出了大成績時，有人問他：「你是怎麼成為一名成功銀行家的？」他回答說：「我經營布匹生意的時候，生意狀況也很好，也沒想到要改行。可是有一天在一本書上看了這樣一句話：『如果一個人擁有一種別人所需要的特長，那麼他無論走到哪裡都不會被埋沒。』這句話對我的鼓舞很大，突然間我就有了改變目標的想法。」他說，後來經過思考，覺得銀行對人們的生活來說很重要，他們經常需要用銀行貸款做周轉資金。各行各業的都離不開銀行，人們的生活起居、生意買賣，哪一樣能離開錢？哪一樣能不和銀行打交道？

於是，他就丟下了自己經營多年的布匹生意，開始創辦銀行。他能取得成功，就是因為他找對了目標。

生活中很多人因為做著對自己來說並不恰當的工作而失敗，雖然他們很努力。但他們沒勇氣放棄自己長期耕種但仍荒蕪貧瘠的土地，也沒有勇氣去創造更多的肥沃土地。只好白白浪費自己的精力和時間，但也一事無成，就這樣稀里糊塗過著日子。當你投入相當長的時間和精力來做一份工作，但一直沒有一點點進步，那你就要反思一下：從自己的興趣和能力上看，自己的這個目標是否合適？自己是否走錯了路？如果發現自己走錯了，就要儘早調頭，去找適合自己的工作，去尋找另一片可以實現自己夢想的領域。

目標非常重要，但選擇合適的目標則顯得更為重要。所以說，要不斷的反思，認清自己的優勢和不足，為自己做個準確的定位，然後才能找到適合自己的目標。如果目標定了下來，就要有堅強的決心，相信自己能辦到，絕不可輕易承認有失敗的可能。這時候，要看到自己的長處，要看到自己的能力。

事實上，我們不但要具備找到屬於自己目標的能力，還要具備為自己設定有效目標的能力。因此，我們首先要把自己的目標具體化，想想自己該怎麼去執行，大概需要多長的時間去實現，接下來再規劃每個時期的進度，比如說每天都要做哪些任務，每月要達到什麼程度，一步一腳印，實實在在的走下去。

目標明確，方向明確

目標指明方向，目標明確了，才能有方向。沒有目標的人，怎麼能成大氣候？

從前有一位法官，他經手的死刑罪犯很多。無論是哪位死刑罪犯，他都允許所有的罪犯自主選擇被槍決或者走進黑洞。

一天，有人問他：「法官，您可以告訴我們那個黑洞後面到底有什麼東西嗎？」

「其實什麼也沒有，只要能從那裡走出去就可以獲得自由了，可是又有誰有足夠的勇氣去面對未知的未來呢？」法官說。

法官的這句話告訴我們，那些沒有最高夢想的人，從來都不敢憧憬未來。那究竟什麼才算是最高夢想呢？我們該如何在生活中去追尋自己嚮往的目標呢？

來到這個世界上，不知你是否找到了自己生存的目的和理由？

也許，每個人生存的理由可能不止一個，目標可能也不少。在一天中，要做的事可能也不止一件。而每件事都會為我們的人生之路累積經驗，為我們更好的將來奠定基礎。

當然，也會有人打破常規，另闢蹊徑，嘗試一些表面看似和主題並沒有多少關係的新鮮事，做「第一個吃螃蟹的人」，這樣就可以將全新的觀念和經驗帶入人生的歷程。也有一些人則透過追求平穩的工作和生活，遵循客觀規律的發展則就成為他們的目標。不同的人肯定會選擇不同的方法，這些都是值得肯定的。因為經過我們深思熟慮後的任何理由和目標，與我們的人生價值都是密切相關的。

每個人都應該明白，目標一定要是自己嚮往的，不要用別人的目標來衡量自己，因為他人的目標不一定就是我們所追求的。我們一定要經過自己的心靈找到自己的目標，我們的目標也只能向自己的心靈求證對錯。因為自己的未來始終是在自己手裡，別人往往是無法控制的。

雖然當今社會充滿了激烈的競爭，不努力、不進步的人就會被淘汰，而那些勇於積極向上的，願意對自己的所作所為負責的人，總是會得到不少的機遇。他們目標明確，積極向上，所以，就有機會實現自己的目標，獲得快樂、幸福和智慧。

觀察一下我們身邊的人就會發現，人人都在不斷前進著。人人都可能在加速成長的路上成為別人的目標或者被別人超越。但是，生活中總有不少人不得不為許多不必要的事而分心。

我們可以仔細想一想，雖然工作繁忙，但還是應該每天為自己安排一段時間來靜心思考。可以是幾分鐘，也可以是半小時。到底思考什麼呢？其實我們可以思考一下自己當天的安排，問問自己要如何與每個人接觸、所辦的每一件事情是否都與我們更高的目標協調一致，這樣一來，幾個月之後，我們就會發現自己已經發生了很大的變化。

當然，光靠自己的領悟還是不夠的，既然自己領悟到了，那就要採取實際行動。

倘若我們已經確認了自己的目標，那就一定可以在生活中領悟到自己所經歷和創造的每一件事，細細品味每件事情的內在涵義，讓這些事最大限度的有益於我們自己。比如，我們可以珍惜自己每分每秒的時間，喜歡自己所做的每一件事，欣賞自己所遇到的每一個人。讓自己真正成為自己人生的主人，掌管自己的人生。

所以，我們在生活中可以時常抽些時間進行反省：想想自己怎麼能夠把更多的快樂帶入生活，怎麼可以讓一場權力鬥爭或一件生活瑣事不影響我們的正向情緒，怎麼做才能讓自己的心態保持平衡？其實對每個人來說，都會有很多東西值得感恩，自身都有著龐大的能量去繪製人生藍圖。各種消極因素都是自己制定的。

我們可以在每天早上醒來時對自己許下一個堅定的諾言：「我是自由的，我是快樂的。」要對自己的目標充滿嚮往，可以想像自己成功後的樣子。之所以這樣做，就是為了讓目標進入我們的心靈深處，引起我們的重視。當我們的目標深入腦海時，就會產生強大的推動力，讓我們去努力、去打拚。

列出清單，我的未來我做主

列出目標清單，並且按照清單上的項目來執行，可以幫助你最大程度的抓住時間的脈搏，把握你的未來。

現代社會是一個快節奏的社會，無論在職場還是生活的戰場，我們都在追求效率與速度。現代的白領都有這種經歷：早上起床對著鏡子總是雄心萬丈——今天一定要拚命工作，追求效率。但是朝九晚五下來，拖著疲累不堪的身軀回到家裡，卻發現自己今天什麼都沒做成，報表沒填、會議紀錄沒有總結、客戶的電子郵件也沒有回覆……不知道你是否身在此行列中，雄心勃勃出發，灰心失望歸家？

如果深究這種現象，不難發現這是速食時代的產物，現代社會要求我們迅速出擊，因此很多人都會忙中出亂，出現了效率低下、毫無成就的情況。只有精通於安排和管理時間的人才能夠脫穎而出，因為他們對時間的浪費永遠降低在最低程度。管理時間一定要切合實際的制定出目標清單，並且按照清單的每個項目來執行，才能成功主宰自己的未來。

傑克·威爾許是奇異前總裁，奇異在他卓越的領導下一步步邁向成功。很多人都對威爾許的成功感到好奇，究竟是智慧過人還是機遇締造了威爾許的成功呢？答案可能會讓大家失望，威爾許非常善於管理自己的時間，他的成功正是來源於對時間的管理。

威爾許有一個習慣，每天上班的第一件事是查看自己的工作清單，並且根據清單上工作內容的重要程度來安排時間。一般公司的會議相對重要，於是威爾許拿出百分之三十五的時間來進行會議的部署；拜訪客戶是拓寬公司業務的重要事項，威爾許將自己百分之二十的時間用來跟客戶溝通；公司的其他事件並不太重要，威爾許剩下的時間全部安排在這些瑣碎的事件上。每天的清單不盡相同，但威爾許都會按照事件的輕重緩急來計劃完成的時間和順序。

他的這種行為不止為自己贏得了時間，並且成為員工效仿的工作方法，創造效率的同時，更創造了公司的效益。

制定目標清單是在輔助我們進行目標管理，這一項看似簡單的工作可以幫助我們拉近與理想的距離，要知道沒有目標的行動都是徒勞無功。

每個人的目標清單都不一樣，但無論做什麼，在制定目標清單的時候，切忌好高騖遠，要盡量符合實際，要力所能及，要能具體落實。舉個例子，提起目標，很多人都會說一些特別空泛的，比如存摺上的數位達到七位數，在天龍國的市區裡買一棟大樓、存錢環遊世界……。

除非你買樂透中了大獎，否則在很大程度上，要以我們的實力達成這些目標完全是異想天開。這些目標對我們根本沒有激勵的作用，何來談完成呢？一旦我們的目標很難實現，反而會使我們產生負面的情緒，繼而為我們的道路設限。

不止是生活中，還要落實到工作中，目標清單更是我們奮發前進的指南，我們必須規避「好高鶩遠」的禁忌，制定切合實際、容易實現的，並且是短期的目標，最好是半年之內即可完成的目標。

很多人都說放長線釣大魚，可這長線並不是什麼時候都能放的，很多時候放長線反而會拖累自己的步伐，比如在制定目標清單的時候，過分長遠的打算會破壞我們的進度。

時間管理專家提醒我們，我們的目標附有機動性，很可能會隨著時間的轉移而產生變化，因此過於長遠的目標很可能會葬送在時間流逝的大河中。你也許未必會意識到目標夭折的後果，但長此以往，總是不能完成目標，我們的自信和效率都會受挫。

現在就打開你的目標清單，查看一下是否有的目標過於縹緲，實現的可能性非常小；而有的又過於瑣碎，即便輕而易舉的完成也不會為自己帶來任何成就感？面對這兩種目標，我們都要選擇從目標清單上劃掉。要時刻保證每完成一個目標，都要與終極目標更接近。

此外你要注意，清單並不是一蹴而就的，我們完全可以在工作的空檔對清單進行查缺補漏，使我們的目標清單更完善、具體，完成起來更容易。

避免在決策上浪費時間

要進行決策，就要收集足夠的資訊。可是一旦資訊太多，就成了累贅，反而會影響我們決策，只有當擺脫了決策誤區，才能讓自己的決策更高效，節省更多的時間。

時間其實是最公平的東西，只是每個人對它的利用率不同罷了。對於一個人來說，究竟是走向成功還是失敗，就看他們能否在有效的時間內將收集到的資訊有效加工和利用起來。能否做出正確決策，就在於能否獲取真實、及時、有效的資訊。

所以，我們必須養成識別資訊的能力，這是不可或缺的能力。那麼資訊究竟從哪裡來呢？其實這可以是從多方面而來的，包括同事、老闆、親戚、朋友等等，當然也可以從圖書館、報刊、書籍、網路等方面獲得。當我們掌握了有效的資訊，才能掌握時間，提高工作效率。

現實中，有很多人總是對周圍的人和事產生以下這些方面的誤區：

第一，欠缺對工作的熱情

有一些人整天混日子，他們每天都害怕遇到困難的工作。這是很消極的對待工作的方式，他們只想透過最少的付出來完成任務。

建議：我們應該找出自己對工作的興趣點，這是熱愛工作的第一步。當這一點做到了，就會漸漸對自己的公司和工作產生興趣。

第二，不願意和他人真誠來往

不相信他人，不願意和他人真誠來往，這樣會讓我們失去一個很好的獲取資訊的管道。

建議：出色的上司都很明白和同事、客戶商討問題，一些重要的資訊，總能從他們那裡得到，從而為自己的決策提供很大的幫助。

這種方式一舉兩得，既能讓領導層和員工之間和諧，也能讓員工覺得自己受到了重視。上司從各處搜集資訊，就能更好的掌握時間，利用時間，做好決策，提高企業的效益。當我們對旁人了解越深，就越容易和他們共事，雙方就會互幫互助，從而都能獲取對自己有益的資訊。

第三，資料太多，浪費時間

比如，當我們接受了一項新任務，負責研究節約能源的新方法。於是我們就會向同業工會和政府的相關部門進行查詢，所以每天都會收到大批回信，甚至辦公桌上都堆滿了相關資料。

建議：其實索要太多的資料也沒有必要，只要夠用即可。否則光處理那些資料就會耗盡我們的精力和時間。

第四，過分閱讀報紙

看報可以讓我們了解到近期的社會發展形勢和自己工作領域的發展動態。從這方面來看還是很好的。但不要不加限制，否則一定程度上就是在浪費時間。

建議：其實利用吃早餐的時候看報，或在等車的時候瀏覽一下，或者把對自己有用的新聞或者文章剪貼下來作日後的參考，這些都是不錯的方法。但一定要記住，不要讓報紙把我們的大部分時間都占用了。

第五，事事都請教主管的指示

完成一項任務需要哪些步驟，需要做哪些方面的工作，這些對我們來說都是必須知道的。不要總等著讓上司來指點我們，而是自己應該多做一些工作。

建議：對自己的工作任務應先做出一些決策，這對培養我們的判斷力是舉足輕重的。

我們可以這樣想想，假如我們是老闆，那我們願意員工事事都等我們的指示才開始工作嗎？答案必然是否定的。我們可以自己動腦思考一下，什麼是最快和最方便的方法。

決策很能考驗一個人的能力，所以我們要勇於承擔決策的考驗，要從經驗累積中逐漸樹立起自己的信心，進而成為善於控制時間的人。因此，當我們能做決定的時候，就不要等待指示，而應該做好我們應該進行的工作，把自己的實力展現在關鍵的環節，要懂得關鍵時刻亮劍。

第六，過多的空想

這個世界，無論什麼時候，都離不開實踐。只想而不動手去做的話，就只能陷在空想中，這純粹就是浪費時間。

建議：有時多利用創新性思維，可以幫助我們產生比較好的主意。既然好主意都有了，就要學會去實踐，不能光想不做，要行動起來！做了才能讓時間產生效益。

第七，不利用現成資料

一個廣告公司的市場調查部經理在開始執行一項任務之前，總是不會忘記問同事：「過去我們做過同樣的調查了嗎？」他這樣做就是為了充分利用現有資料，避免重複過去做過的事情而浪費時間。

建議：現成的資訊資料可以節約重複的寶貴時間和經費，而且還能節省出大量人力資源。這麼有益的事情，我們可以在工作和生活中嘗試一下。

瑣碎事情，我的時間不屬於你

一位哲學家曾經說過：「生命太短促了，不能再只顧小事。」而要把自己的主要精力用在大事上。不要讓瑣碎事喧賓奪主，而要讓大事首當其衝。

有這樣一個故事：

一名叫索羅爾的美國海軍戰士，在一艘潛水艇上透過雷達發現，有幾艘日本艦艇正朝他們潛水艇的方向開過來。當天色逐漸亮的時候，索羅爾他們的潛艇升出水面開始發動攻擊。他們透過潛望鏡看到了一艘日本的油輪、一艘驅逐護航艦和一艘布雷艦。於是便朝那艘驅逐護航艦發射了幾枚魚雷，可是沒有一枚魚雷擊中目標。當時那艘驅逐艦上的官兵還沒有發現自己的護航艦正遭受攻擊，仍是一直向前行駛著。

而正當索羅爾他們準備攻擊那艘布雷艦的時候，沒想到它轉過身子，直朝索羅爾他們的潛水艇方向開來。這是因為索羅爾他們的潛水艇被一架日本飛機發現，因為在六十英尺的淺水中，那麼大的目標很容易被發現。於是便無線電通知了那艘日本的布雷艦。這時，索羅爾他們便立即將潛艇潛到一百五十英尺深的地方，防止被日本布雷艦探測到。因為潛艇的發動機、冷卻系統和發電機器等都會發出較大的雜訊，很容易被對方發現，所以他們便關掉了所有的機器。

大約過了兩三分鐘，六枚深水炸彈開始在索羅爾他們潛艇的四周爆炸開來，他們不得不繼續下潛至兩百七十英尺的地方。整個潛艇上的人都嚇壞了。因為他們都明白在不到一千英尺深的海水裡，一旦受到攻擊那將是很危險的事情。倘若沒有五百英尺的話，就可能全軍覆沒。所以他們的處境很危險。那艘日本布雷艦連續扔了十五個小時的深水炸彈。

深水炸彈在距離潛艇不到十七英尺時，它的爆炸威力足可以在潛艇上炸出一個洞。當時有將近二十個深水炸彈就在離索羅爾他們潛艇五十英尺左右的地方爆炸，索羅爾和他的戰友們奉命靜躺在床上，保持鎮定。當時的索羅爾嚇得幾乎無法呼吸，他想這下死定了。關閉了電扇和冷卻系統之後，潛艇的溫度幾乎只有十多度，可是在極度的恐懼之下，索羅爾依然全身發冷，都穿上了毛衣和夾克。就是穿這麼厚，他還是冷得發抖。他的牙齒一直在不停打顫，全身都冒著冷汗。十五個小時之後，攻擊突然停止了。很明顯，那艘日本布雷艦已經用光了它所帶的深水炸彈，於是就離開了。

這十五個小時的攻擊，對索羅爾來說，就像是一千五百年。在這期間，索羅爾記起了自己以前做過的所有壞事和他曾經擔心過的一些事情。索羅爾在加入海軍之前是一名銀行職員，那時的他曾經為自己的薪水太低、工作時間太長、升遷機會太少而煩惱。他當時憂慮：沒錢買房子，沒錢買新車，沒錢買好衣服給太太。而且對自己以前的老闆感到非常討厭，因為那位老闆總是給索羅爾找麻煩。當時的索羅爾每晚回到家，總是感覺又累又難過，也經常為一點小事和自己的太太吵架。曾經一次車禍讓他的額頭上留下了一道疤，他總是為這道小疤感到煩心。

在索羅爾看來，多年前的那些曾經讓他擔心的事在當初看起來也都是大事，可是當他在深水炸彈的威脅中眼看自己的生命將要結束的時候卻發現，原來的那些又是多麼的渺小。就是在那十五個小時中，索羅爾告訴自己，如果還有機會生存下來的話，他永遠都不會再為自己的生活而憂慮了。他說：「在潛艇裡那可怕的十五個小時，我所學到的遠遠比我在大學讀四年的書所學到的多。」

所以，不要總被那些瑣碎之事所困擾，這是很不值得的。

其實，在很多情況下，我們如果想克服掉那些因瑣碎之事而感到的困擾，只要把自己的注意力轉移一下就能做到。這樣就會讓我們看到一個新的，能使我們開心一點的事物。

一位作家在寫作的時候，總被附近工廠的機器聲吵得發瘋，機器的轟隆聲嚴重影響他的注意力和寫作思路，他快要氣瘋了。

後來，這位作家說，當他和幾個朋友一起去郊外野炊的時候，他聽到了木柴在烈火中燃燒時發出的聲音，他突然覺得這聲音和那工廠的機器轟隆聲太像了。當時他就問自己：為什麼這個聲音我喜歡，而那個聲音我就那麼討厭呢？當他回到家以後，想了想，便對自己說：「木頭燃燒時的爆裂聲，是一種很好聽的聲音，而機器的聲音和那聲音也差不多，我應該去埋頭大睡，不理會這些雜訊。」

後來的事實證明，他的確做到了，在剛開始的那幾天，他還會注意到機器的聲音，可是不久後他就把它們都忘了，從此之後，他就能很安心的寫作了。

生活就是這樣，每個人的生命總是由大事和瑣碎事共同交織而成的。我們不要總被那些瑣碎事所纏繞，不要把自己的大量時間都浪費在瑣碎事上。而要把自己的時間花在關鍵的環節上，讓時間得到充分利用，發揮出最大的效益。

做事要講求順序

做事講求順序，就要求從全盤考慮，掌握事情的輕重緩急，安排好執行的先後順序，將辦事的效益最大化。

辦事的時候，我們應該事先有個整體的安排，明白先做什麼，後做什麼。這就是所謂的辦事要懂得輕重緩急。每個人在每天都會面對許多不同的事情，它們之間有的互相關聯，有的則沒有直接的關係；有的很重要，而有的不太重要；有的很緊急，需要馬上做出處理，而有的則不太緊急。而這些事無論哪一件事情都不能搞砸了。所以，怎麼把事情安排得井井有條就成了我們需要面對的一個重要問題。

任何事情，都有它自身的運行規律。企業的運作和國家機關的行政事務一樣，它們都有一套固定的程序和做法。而我們辦事的時候，要是能遵循一定的程序，往往會把事情辦得乾淨俐落又高效。

工作的時候，要讓自己的大腦充分發揮作用。我們可以記住一切與自己要辦的事情相關的事物和資訊，養成記筆記和快速分門別類做事的習慣。這在日常工作的接打電話、起草文件、接待客戶和列印檔案等方面有很大的作用。

當處理事情的時候，我們的大腦應高速運轉，要想想自己要辦的這件事和原先已定妥的事該如何歸類，要迅速重新排順序，首先要做哪件事，接下來該做什麼，最後一步做什麼，要很快在自己的大腦中形成一個新的行動計畫。

做事如果沒有順序，就不會落到實處。

比如我們打算買一套房子，當房地產代理商打電話給我們說：「你所相中的那所房子的主人同意你出的價錢，這筆交易應該是沒什麼問題了。」

「那太好了。」我們說道，「是啊，這的確是太好了。」

倘若事情到此為止，那麼就很有可能什麼事情也完成不了。因為房地產代理商可能等待我們做下一步的決定，而我們卻認為他們應該採取下一步行動。這樣就會出現僵持的狀態。但如果我們問他：「那下一步該怎麼做？」或者他主動說：「接下來我們應該這麼做。」倘若這樣的話，我們和房地產商之間就可以將事情的先後順序理清楚，事情也就自然而然變得好辦了。

可是，生活中類似這樣的情況屢見不鮮。比如某次會議達成一致意見，與會的每個人也都意識到了問題的關鍵，而且就下一步該如何處理都有了統一的意見，可是當會議結束一段時間後，並沒有取得任何成果。

生活中的很多事情之所以不能按時完成，主要就是因為當事人沒有對要做的事情安排好先後順序，更糟糕的是人們總是不把這些準備工作做澈底，不進行總結。最理想的是書面總結，把會議所討論出的結果落實到書面上，讓每個人都能形成一套辦事的先後順序，這對克服辦事不力或者達不到理想效果有很好的作用。

事情的順序安排應該遵照「重要程度」進行編排。而「重要程度」，就是指這件事對實現自己的目標究竟有多大的貢獻。貢獻越大，事情就越重要，這些事就越應獲得優先處理；對實現目標越貢獻越小的事情，它的重要性就越小，這類事就可以放在後面處理。也就是說，我們可以根據「要做的事情是否離目標更接近」這一原則對做事的順序進行判斷。

當每個人都養成了「依據事情的重要程度來行事」的思維習慣和工作方法後，工作效率就會直線上升。所以，我們應該在每一項工作開始之前，先弄清楚哪些事情是重要的，哪些是次要的，哪些事情是緊急的，哪些是不緊急的。對於那些既重要又緊急的當然就要放在執行的首位。長此以往，好的工作習慣就會形成。這個好習慣將讓我們受益終生。

不要成為工作狂

做工作的主人，做時間的主人，而不要讓自己成了工作的奴隸，要給思考留足時間。一味的忙碌，只能是「瞎忙」，只會讓自己感到無限的壓力，卻看不到前方的亮光。

當我們步入社會的時候，工作幾乎就成了人們的主要生活命題。生存在這個世界上，就離不開工作。人的一生，從呱呱墜地到離開人世，幾乎有一半以上的時間都在工作。

現代社會，很多人把「工作是美德」奉為金科玉律。可是，據調查研究顯示，雖然說人們工作的目的就是為了讓生活更美好。可是，現實並不完全是這樣。我們想想，為什麼我們周圍總有一些人過得不愉快，為什麼他們認為自己的工作就是在受折磨呢？其實，工作對於人生幸福的貢獻只是一部分而已，遠遠沒有人們所想像的那麼大。

大部分的人一天的工作在理論上來說是八小時，可是再加上準備工作和加班這些時間，我們每天用在工作上的時間遠遠超出八小時。自古以來，人們對待工作就強調勤勞、早出晚歸、鞠躬盡瘁等。因此，我們對待工作都很嚴肅認真，以升遷和成功為目標，將自尊和賺錢的能力緊密結合在一起。

結合我們的現實來看，的確是這樣。人們認為工作能展現自己的價值，拓展自己的發展空間，能為自己和他人建立關係提供機會，對我們個人的影響是深遠的。工作不但能保障我們的個人生計，而且還能讓我們感到滿足與喜悅，既能讓我們獲取成就感，也能贏得他人的尊重，這些正是現代人所追求的東西。

往往有一些工作狂，他們覺得倘若自己的生活中缺少了工作，那麼一切就會變得索然無味。所以，他們完全將自身沉浸到工作中，離不開工作。於是他們就像一台高速運轉的機器一樣，很難讓自己停下來。

可是如果我們長時間的運轉，不注重休息保養，身體就會出現問題。

研究發現，對於那些工作狂來說，他們都各有不同的工作動機。有的人依賴井然有序的工作來滿足被動心態；有的人想借工作來麻痺自己；還有的人則是因為激烈的競爭需求，用工作代表自己的勝利，覺得自己高人一等……。

心理學專家對工作狂的表現進行了分析，結果認為：

工作狂偏好技能，他們認為生活中的一切都離不開技能，而且一旦遇到了並不需要技能的事情他們就會盡量迴避。比如像表達感情、想像力這一類事情，他們通常會有點畏懼心理。

工作狂的心中充滿原則、方法、步驟、目標、策略等等，遇到一些難以理解的事，他們通常很難接受那些「無法用語言表達」這類說法。

工作狂對待事情有股倔強，不會輕易放過任何事。他們總是想方設法來挑剔和攻擊每一件事。就連在看電影或者看書的時候，他們恐怕都會想「要是換成我來演，我來寫，我就會怎樣怎樣做。」

工作狂往往無法享受「現在」的感覺，他們總是完全受制於工作的目標成果和終點。

工作狂對效率非常看重，任何的損失和浪費都會讓他們勃然大怒。

我們可以將上面的這些分析和自己做個對比，看看我們是不是工作狂？當然要不要變成工作狂也完全由我們每個人自己決定。可是無論什麼時候，我們都要明白這樣的道理：熱愛工作並沒有錯，可是很多人往往就出現了錯誤的領會，讓自己變成了工作的奴隸，完全被工作操縱。

我們不要做工作的奴隸。那些工作狂往往會不自覺的給自己周圍的人帶來壓力，也往往對別人的「感覺」視而不見。其實有些工作狂對自己的生活缺乏信心，他很在乎別人的評價，所以透過自己加倍工作期望能得到別人的肯定。事實上我們沒有必要太在乎別人對我們的評價，否則這些都會成為我們思想的包袱。

因此，我們對待工作需要熱情，但不要整天把自己的時間都用在工作上，而應該讓自己留有足夠的思考時間，不要整天把自己弄得忙忙碌碌，卻沒有多少收穫。

保持時間觀念

時間飛逝，任憑我們有再大的本領也找不回。與其讓自己因浪費時間而後悔，不如讓自己因珍惜時間而充實。

一位優秀的業務員能叫出六萬人的名字，並不是說他天生聰明過人，而是因為他方法用得正確。業務員有很多，可是能達到這種程度的沒有幾個。這是因為他們在辦事的時候總是不善於動腦筋，他們認為自己不用費多少力氣就能把事情辦好。看看那些成功的業務員，在取得成功以前，也許他們中很多人根本就不務正業，可是這些人之中沒有一個是靠無所事事起家的。

俗話說一分耕耘一分收穫，只要我們肯努力，那當然會讓自己的荷包鼓起來的。可若是一味虛度光陰，只想著天上掉餡餅的事，那最終迎接你的肯定是失敗。

對於一個業務員來說，自身的個性與業績之間的聯繫是非常緊密的。倘若一個業務員不能隨時在自己的工作職位上為客戶解決問題的話，那麼不用多長時間，他的業績就會直線下滑。

很多人都不喜歡接受推銷，可是人們卻熱衷於購買，而且也希望自己擁有一個免費的專業顧問。因此，那些業績突出的業務員就是扮演著一個消費顧問的身分，對於這樣的顧問不需要付薪水卻能為自己著想或辦事，所以，通常以這樣的要求對待自己的業務員能做出好的業績。

從那些取得成功的業務員的特點來看，他們需要過人的精力和堅強的信心。作為一個業務員，你去不去拜訪，這對客戶來說並不是值得他們關心的問題。很簡單，你去不去對客戶來說並沒有多大的關係，可是對你來說就很不一樣了。因為你是業務員，拜訪客戶就是理所當然的事情了。很多公司經常會採取一些策略，比如開銷售會議，進行員工培訓等等，這樣做的目的是為了激勵業務員多去拜訪客戶，雖然這樣，可是對於業務員來說，爭取時間是依然是備受他們關注的。這是為什麼呢？

我們看看下面的這個事例，相信你就會明白其中的原因。

臺灣一家航空公司透過對同業其他航空公司在同一航線上用時的不同，給自己的公司制定了新的航行時間要求。比如，同樣是飛往美國底特律，他們公司的航班需要十六小時二十分，和最慢的航空公司相比較，這樣的飛行時間能為旅客節省三小時五十分；而飛往紐約甘迺迪機場，這家航空公司用時十六小時五十三分，可為旅客節省兩小時……透過這樣一個簡單的比較，很快就能展現出他們的優勢。在這個分秒必爭的時代裡，旅客們當然會選擇這家航空公司。

成功的人，一定是時間觀念很強的人，他們善於運用時間，能將自己的各項工作做出合理的安排。而成功的業務員也一樣，那些不能為他們帶來好處的人和事，他當然是不願意浪費一分一秒的時間，所以，他們總是很清楚自己下一步要去拜訪哪位客戶。

要想成為一位成功的業務員，就應該為自己制定一張行事曆，對於自己每天要做些什麼，拜訪什麼客戶要在行事曆中清晰的標明，而且一定要實現這些計畫。倘若你拜訪了十幾個地方，可是只和三、四位客戶進行了面對面的溝通，那就只能說是拜訪了三四個客戶。要讓自己的工作更有效，就應該給自己一份合理的計畫，而且要嚴格按照計畫去做，長期堅持，那麼一來成功就會非你莫屬。

對我們來說，培養良好的時間觀念並不亞於減肥的人隨時計算自己攝取體內的熱量。一位名人曾經說過：「新的競爭優勢將來自於有效的『時間管理』。不論在技術突破、生產、新產品開發、銷售與管道等方面的時間都要不斷縮短。」所以，對於時間這種資源，我們應該充分意識到它的重要性，讓它充分發揮作用，讓它更好的為我們服務。

做事不要太匆忙

做任何事情匆匆忙忙結束，表面上看起來用的時間較少，可是品質這項根本卻得不到保證。這不能說是有效率，而是自己浪費時間的表現。

觀察周圍的人，我們會有這樣的發現：有很多人總是一味匆忙做事，表面上他們就像螞蟻一樣，總是那麼勤勞，總是那麼辛苦。可是從他們辦事的效果來看，卻不見得有多少實質性的收穫。因為他們做事太草率了，總是冒冒失失，這能有好的收穫嗎？

冒失是不可取的，它是指遇到事情不經過自己的深思熟慮，只靠著自己一時的衝動就匆忙做出決定。俗話說：「心急吃不了熱豆腐。」如此匆忙的決定能取得好的效果嗎？答案顯然是否定的。

這樣的人往往不進行認真思考，從而對事情的估計就會出現偏差。他們往往為了迅速擺脫自己的緊張情緒，在沒有考慮好主客觀條件的情況下冒然行事；他們追求快節奏的生活，在一件事還沒有做完就又去做另一件事或幾件事一起做。

不論做什麼事情都不要太匆忙，差錯往往就出在匆忙之中；同時也不要太輕率大意，在沒有搞清楚事情的來龍去脈之前不要急於表態或發表意見。有的人為了提高自己的工作效率就想匆忙的做完手頭上的事情，想要快點開始下一件事情。但其實這不是問題的關鍵所在，匆忙做事不但不會提高我們的工作效率，而且會為我們的工作帶來許多麻煩。

正確的做法應該是弄清事情的緣由，做出執行的具體安排，這才能提高我們的辦事效率。一位著名的企業家曾說：「你應該在每一天的早上制定一下當天的工作計畫，僅僅五分鐘的思考就能使你一天的工作顯得非常有效率。」

我們可以做這樣一個假設，一家公司開發出了一種新產品，如何開拓市場，透過什麼通路尋找經銷商就成為擺在公司上級面前的一個重要課題。如果我們是這家公司的老闆，我們該怎麼做呢？我們是到達某個地方後就急於四處大街小巷的尋找客戶呢，還是先進行一系列的市場調查後，再制定出自己的拜訪路線和計畫呢？

這時又會有新的問題擺在我們面前：每個城市都會有很多經銷商，但是我們沒有那麼多時間，也沒有那麼多的人力去拜訪每個客戶。只需要重點挑選一些即可。比如我們可以挑選出客戶中的百分之二十有購買意願、有銷售管道及有實力的經銷商，然後對他們進行重點拜訪。

在做一件事情之前，先經過周密的調查和分析，才會有助於我們找到解決問題的最佳方案。這就是所謂的磨刀不耽誤砍柴工。往往一味著急的人，也會是最終失敗的人。好的鐘錶行走規律，不快也不慢，而有智慧的人做事也是這樣，他們並不匆忙，但也絕不拖延、不躊躇，也不莽撞。有條不紊、不慌不忙是他們的行事風格，也是他們取得成功的法寶之一。

在這些人眼裡，做事不是有了想法就急急忙忙去執行，不是在過程中出現了什麼問題再去調整。他們絕不會像這樣走一步看一步。而是在自己行動之前，就想好了應該分為幾個步驟去做，該怎麼做等這些問題。從而理清事情的頭緒，做起來也就容易了。否則，浪費了時間不說，還可能把事情搞砸。那些匆匆忙忙把這件事做完然後著急去做另一件事的人，往往會在後來花費更多的時間去修補自己第一次沒做好的事情的不足。倘若我們真沒時間把每件事都做好做完的話，那就應該至少把最重要的事情高品質的完成。

朋友，也許你會認為做事的時候不匆忙其實是一件很簡單的事情，那只需要自己在做事的過程中多多注意。事實上這樣的觀點並不正確。因為我們知道，人們做事都有自己的習慣。那些總是做事匆忙的人，不論是對待什麼事情都是匆匆忙忙，他們已經形成了這樣的風格，一朝一夕是改變不了的。而想要讓自己克服掉做事匆忙的缺點，就要從長計議，在自己做每一件事情之前都制定出計畫和目標，還要長期堅持下去。時間久了，就會習慣成自然。

提前計劃，為第二天做好時間安排

計畫做好了，這就相當於成功了一半。在工作中，學會合理安排工作，其主要目的就是提高自己的工作效率，從而為自己的生活創造更多的時間，讓工作與生活的其他方面取得平衡。

對我們而言，時間並不是白白送給我們的，而是自己擠出來的。我們應該學會怎麼為己創造更多的時間。

在我們的日常工作中，許多人都有這樣的親身體會：當我們在每天的工作結束後整理好自己辦公桌上的東西，然後將第二天的工作安排好再離開，這會對於我們第二天工作的順利開展有非常重要的作用。雖然我們可能只需要花幾分鐘的時間就可以完成明天的工作安排，但這幾分鐘是非常值得用的。當我們養成了這個好習慣，第二天到辦公室時就會覺得一切都井然有序。即使我們可能連續一個月的時間裡都在做一個專案，那我們也應該在每次下班前把文件整理好，同時將目前工作中暫時並不需要的各種書籍、資料夾、筆記和其他各類資料都進行整理歸類，為自己第二天繼續工作創建一個整潔有序的工作環境。

我們在每天下班之前，都應該花幾分鐘時間對自己的第二天早上的任務做個安排，一定要認真思考，要確定我們已經把所有的因素都考慮到位了，這樣我們的工作才有可能達到自己的預期效果。也才可以使我們在第二天上班時順利進入工作的角色。你將各種工作按輕重緩急的次序排好，寫到記事本上放到桌子的中央，這麼一來隔天早上到公司後各項任務就能一目了然。

如果我們在每天下班之前，都能為第二天的工作做好準備的話，長期堅持做下去，當養成了習慣，我們就會發現這樣做會有很多好處：

第一，我們透過回顧自己一天中所做出的成績，這樣就能讓自己有機會對完成的任務做出評價。倘若想想自己已經完成的任務，我們就會心情愉快。這種工作的成就感與滿足感會讓我們在第二天的工作中精力充沛、幹勁十足，對於我們保持良好的精神狀態有很大的好處。

第二，當我們對自己當天的工作進行整理的時候，我們就會向自己的大腦傳輸一個訊號，那就是今天的工作已經圓滿結束。因為我們在一天中已經盡自己的努力付出了時間和精力，完成了自己該完成的任務，那麼現在就應該做點其他事情的時間了。不要讓那些無盡的憂慮剝奪我們歸家後的整個晚上，甚至在深夜侵蝕我們的思維，讓我們無法入睡。

同時，倘若我們能在前一天下班之前對自己當天的工作做個整理，那麼第二天的工作就會有一個好的開始。於是，當第二天我們到辦公室的時候，就會覺得自己精神煥發、思維清晰。很簡單，因為我們用不著再花時間去收拾昨天留下的爛攤子。所以，第二天一來上班我們就能立刻進入良好的工作狀態。而且昨天已經對今天的工作做了計畫，也就不必再費時考慮今天應該做什麼。我們要明白，如果每天上班後才思考自己當天要做的事，才想哪些事情重要，哪些事情緊急，這樣將會讓我們浪費許多寶貴的時光，有時候會費去你半小時甚至更長的時間。

第三，我們在當天下班之前對自己當天的工作進行總結和評價，並且為第二天的任務做出計畫和安排，這樣其實能激發我們的潛意識，讓我們為下一步的工作預先做好精神上的準備，精神飽滿的開始第二天的任務。同時由於我們已經回顧了今天的工作，而且也對明天的工作做出了計畫，所以當我們回到家中也就可以不用再去想公司中的事務而安心休息。

第四，我們應該為自己的工作任務定一個期限。每天，我們都應做到在規定的時間內完成規定的任務，在分配時間的過程中，一定要調動我們的意識與潛意識，對自己的時間做一個合理的估算。如果我們的工作計畫做得細緻而且合理，那麼我們在工作時就不會出現手忙腳亂的現象，也不會產生過重的壓力。同時，我們也要注意，在安排時間的時候不要分配太多時間在某項工作，否則就可能出現有恃無恐、浪費時間的現象。

第四章 持續改善：獲取不可思議的力量

四種最浪費時間的習慣，你一定要克服

在管理個人時間的進程中，很多習慣在影響著我們，有的習慣是良性的，它們促進我們挖掘時間的最大效用，但是更多的習慣在拖累著我們的時間，使我們「時」倍功半。下面為大家介紹有代表性的四個習慣，只有克服它們，才能獲得時間的最大效用。

一、桌面雜亂

什麼？桌面雜亂是浪費時間的惡性習慣？不可能吧？很多人都會產生疑問，時間管理跟桌面有什麼關係呢？

專家經過試驗發現，大部分桌面雜亂的人，都沒有效率可言，時間全部浪費在尋找東西上面，致使處理事務總是拖延。不要吃驚，找東西浪費時間，乍聽起來讓人難以置信。但這是事實，那些效率很高的人

從不讓自己的桌面陷入雜亂不堪的狀況，他們總會留出時間來收拾桌面，將東西分門別類放置妥當，以便尋找的時候一目了然。

桌面雜亂的範疇還包括電腦桌面，現代工作離不開電腦，如果你的電腦桌面雜亂不堪，那麼也會拖慢你的工作效率。工作之餘，你必須及時整理電腦桌面上的內容，與辦公桌面相同，你可以將電腦桌面中的檔案分門別類的安放好，這樣才會在工作的時候事半功倍。

你可以選擇在下班之前的兩三分鐘內整理自己的桌面，除了保證你的物品井然有序的排列在桌面上，那些可有可無的東西，你大可以扔掉，留著它們勢必會影響你的視線，更有甚者會影響你的思路。

二、猶豫不決

無論是生活還是工作中，我們經常會陷入到選擇困難症的困擾之中，每當需要做選擇、決策的時候，我們總是猶豫不決、優柔寡斷。在時間管理的層面上來分析，猶豫不決是浪費時間的一大雷區，如果在工作中出現猶豫不決的現象，勢必會影響到工作的進度，更會造成工作拖延的發生。那些成功者之所以會在自己的領域中取得成就，正是因為在做任何決策的時候都非常果斷，從不會優柔寡斷。

我們之所以會在工作的時候出現猶豫不決的狀況，很大程度上是源於缺乏對工作的了解，因此想要避免猶豫不決的出現，我們必須對工作充分了解。

想要加強決策力，我們可以向拿破崙·希爾取經，他介紹給大家一個好辦法，在做決策的時候一旦出現了猶豫不決的現象，你可以把決策中的可行性方案羅列下來，然後分析每個方案的優劣勢，在權衡利弊之後，你的決策便清晰起來。

當然我們的身邊都會有這樣的人，在做決策的時候異常果斷，當你詢問他們的理由時，他們卻說：

「我的直覺告訴我，應該這樣做！」當這句話傳到你的耳朵時，你也許會覺得這個人拿這麼大的事開玩笑。如果你真的這麼認為，那麼你就錯了，不要小看這種直覺下的決策，因為直覺往往來源於經驗。

三、完美主義

很多人都是「完美主義者」，追求完美是完美主義者的一貫宗旨，完美主義的正面力量是促使完美主義者將事情做得盡善盡美；而負面效果就是一旦事情沒有達到完美狀態，完美主義者將會陷入深深的自責之中。在很多時候，本來一件事情已經得到了最好的結果，完美主義者總會浪費更多的時間來締造完美，並且樂此不疲。

我們知道世界上沒有十全十美的完美世界，完美只是一個理想的狀態，你可以把完美當做推動你前進的力量，但變本加厲的追求完美會導致我們浪費時間，拖慢我們的效率。

在工作中適當的追求完美是無可厚非的，比如在自己著手的企劃案中保證措辭達意的語句優美，在主持工作會議時注意每個環節的銜接連貫，給客戶回覆的郵件中除了表明公司的立場充滿關懷……。

如果在適當的完美之外，還被完美主義索強迫就是浪費時間的表現了，成功的時間管理要求我們對完美要適可而止。

四、半途而廢

如果有幸去到位於埃及的開羅博物館欣賞，你便會被圖坦卡門法王墓的寶藏深深折服。圖坦卡門法王是古埃及新王國時期的第十八王朝的法老，在古埃及歷史上這位法王的功績最為卓越，因此他的墓室成為埃及最著名的法老墓之一。在圖坦卡門法老墓中，象牙、戰車、黃金以及珍貴的珠寶飾品應有盡有，漫步其中簡直是炫目至極。

如果你要問，是誰把這個舉世驚嘆的大墓展現在世人眼前的？答案是英國考古學家霍華德．卡特。霍華德．卡特對埃及非常有興趣，憑藉對埃及歷史的極大興趣，霍華德．卡特開始挖掘圖坦卡門法王墓，但是天意弄人，挖掘工作從一九一七年的秋天開始，直到一九二三年二月十六日，考古團隊才打開了被密封的門道入口，至此圖坦卡門法王墓才呈現在世人的眼前。

試想，如果在挖掘的過程中，因為挖掘週期比較長，一旦霍華德．卡特半途而廢，這座舉世無雙的豪華大墓就很難展現在世人眼前的。

在我們的生活和工作中，做事的過程中總會遇到各種棘手情況，半途而廢是當下浮躁社會下很多人的選擇。但是半途而廢是浪費時間的一個表現，古語有云：「行百里者半九十。」在還沒有完成一件事的時候半途而廢，不只會使之前的努力付諸東流，更會拖慢你的效率，並且浪費你更多的時間。

想要成功管理時間，做對事情，我們一定要摒棄半途而廢這種習慣，每一項工作都會有困難，正是這些困難為我們帶來了機遇和成功。

消除手機干擾，製造清靜氛圍

科技是柄雙刃劍，高科技產品在給我們的生活帶來便利的同時，也帶來了一些副作用，手機的存在使我們無處藏身、無處可逃，甚至我們的注意力很難集中在工作中。只有消除手機的干擾，才能製造清靜的氛圍，使我們的注意力集中，避免時間的浪費。

午休用餐的時間裡，接到客戶退款的要求，匆匆結束用餐；

兒子學校開家長會之際，思考老闆交代的新專案的企劃案；

放假跟家人正在享受愜意假期的時候，接到某銷售人員的電話，向你推銷產品；

正在回覆重要客戶的郵件時，下屬打來電話詢問例會內容；

……

相信你也曾經遇到上述的一些情況，無論是在休息時間享受小憩帶來的愜意，還是正在忙碌處理工作上的重要事務，手機總會不失時機卻又莽撞的響起，讓你徘徊在接與不接的十字路口。如果是在工作的八小時之外，當你正在享受輕鬆愉快的休閒時間，接手機會打擾到你的正常生活；也許你正在思考工作中難題的解決方案，接手機會打亂你的思路，影響你的效率。

這就是手機帶給我們的干擾，手機的存在致使我們的很多計畫都失去效力，它會輕而易舉的奪去我們的注意力，令我們的工作陷入混亂的狀態之下，繼而浪費我們的時間。

不論我們在何地、何時，只要有了手機，你的朋友同事也好、你的上司客戶也罷，都能輕而易舉找到我們。這點可謂是手機為我們帶來的便利，但「成也蕭何、敗也蕭何」，手機的便利性也意味著我們必須與外界保持聯絡，不管我們心裡是否願意。

陳秀芬是一名房地產職員，做房地產的第一天起陳秀芬就被勒令手機一定要二十四小時開機，這樣才能保證客戶能在第一時間聯絡到自己。二十四小時待命固然可以得到潛在客戶，做成與客戶的交易，但同時也為陳秀芬的生活帶來了一些不便。

前一天陳秀芬帶一位林先生到郊區看房，回到住處已經非常晚了，於是陳秀芬草草洗漱便休息了。第二天早上不到六點，陳秀芬的手機急切的響了起來，陳秀芬迷糊的接起電話：「喂，您好！」電話那邊傳來一個急切的聲音：「喂，我要租房……。」繼而開始訴說冗長的租房要求，陳秀芬本來還沉浸在夢鄉之後，根本沒反應過來，那邊說完便掛掉了電話。

因為這個不合時宜的電話使得到了公司的陳秀芬根本沒精神開始工作，更不記得早上的那個租房電話。整整一天陳秀芬既沒有更新自己的網路房源，也沒有打回訪電話給前兩天累積的潛在客戶，快到下班的時候陳秀芬的精神才恢復一點，自己感嘆：「又是沒有效率的一天。」

因為職業要求，案例中的陳秀芬不得不每天都開著手機，不合時機的電話總是打擾陳秀芬的休息和工作，要知道，不能好好休息是時間管理的大忌，於是陳秀芬常常沒有效率。當然也許你會產生疑問：如果關掉手機，陳秀芬不就可以得到很好的休息，繼而創造更多的效率嗎？但是對於從事某些職業的從業人員來說，電話是獲得成就的工具，怎麼能關掉呢？

除了束縛我們的休息，手機還會使我們的壓力越來越大。試想一下，當你正在著手處理一份緊急的企劃案時手機響了，接起手機原來是老家的媽媽打電話詢問一些瑣事，於是你開始跟媽媽討論這件瑣事，掛了電話卻很難回到注意力高度集中的工作狀態下。上司開始催促企劃案，你越來越著急，壓力也越來越大，經過冗長的調節之後你好不容易才又開始企劃案的編寫。

試著調整自己使用手機的狀態，回到清靜的氛圍之中。只有消除電話、訊息的打擾，你才能集中注意力，創造更大的效率。

李向磊剛剛步入婚姻的殿堂，走進老闆的辦公室向老闆請假：「李經理，這是我的假條，下個月我要去度蜜月，請您批准。」

李向磊一直是公司的核心人員，雖然不想給他一個月的假期，但是即便再不通情理也要答應，於是李經理批准了李向磊的假期，可是附上一個條件，上司要求李向磊必須手機開機保持聯絡，李向磊點點頭答應了。

雖然開著手機，但李向磊設置了語音信箱，每個打電話給他的人都會聽到這樣一句話：您好！我正在度蜜月，不是很方便，如果有什麼急事的話，請轉告我的媽媽，我想她會轉告我的，謝謝您！

這個小留言擋住了李向磊的一切電話，為李向磊帶來了一個十分愜意的蜜月。

很多時候當手機響起的時候，我們無法做到不接電話，但是我們可以延遲接電話的時機，比如當你開車的時候手機響起，你可以將車停在路邊再接電話，這樣可以避免因為接電話而分心開車，造成危險後果；當結束一天的工作之際，回到家裡電話響起，看了來電顯示知道是上司，你也可以過一段時間再接起電話，對對方表示剛剛正在準備休息之類的話，對方一定了解這是下班時間，不再常常打擾……只要設定一個不接電話的時間，你便可以輕鬆消除電話的干擾，擁有清靜的氛圍，從而使你能集中精力做事。

刪去垃圾郵件，別讓它影響工作和生活

電子郵件早已成為我們與別人交流的途徑，它為我們的工作帶來了無限的便利，卻也帶來了一些困擾——那些讓人煩心的垃圾郵件。刪除那些垃圾郵件，才會讓我們的生活更加平靜，工作更加有效率。

白領一族表示，生活中即使沒有電視，都必須要有電腦，這是為什麼？原來電腦為我們的生活帶來了越來越多的便利。當網際網路與電腦結合之後，兩者帶給我們的驚喜愈來愈多，這其中電子郵件功勞最大，電子郵件成為我們生活和工作中不可或缺的聯絡方式，它的存在避免了我們因見面而浪費時間，最大

程度上提高了我們的效率。

生活中我們用電子郵件互通有無、彼此問候，拉近我們彼此的距離；

當電話聯絡受到線路等問題的阻礙時，我們甚至可以透過電子郵件來探討某個重要問題的解決方案；

如果有某件事情需要一個一個通知親戚朋友，群發電子郵件則是你的不二選擇；

……

但是不可否認的是，當電子郵件為我們的生活帶來各方面的享受之際，也為我們帶來了這樣那樣的問題。當我們打開電子信箱的時候，發現裡面除了工作上的往來郵件之外，還有一些垃圾郵件，包括銷售郵件、邀請加入會員的郵件以及無聊的人群發的無聊郵件等等。

因垃圾郵件毫無營養，一般我們會採取全選的策略，給予立即刪除，保障電子信箱的有效空間。但同時垃圾郵件還有一個顯著特點，那就是他們的標題都很富有吸引力，迫使你不能採取全選刪除的方式，吸引你打開一探究竟。

可是一旦你打開這種垃圾郵件後，這些郵件都是「金玉其外敗絮其中」的，向你兜售金融產品、邀請你成為某某會員、享受某某折扣等內容充斥著你的眼球，如果你的思路毫無意識的跟隨著這些郵件的內容進行轉動的話，那麼勢必會浪費時間，也許你還會因此而延後處理某件亟待解決的重要且緊急的問題，更會因此而導致效率低下。

范旭是某教育機構的諮詢老師，主要負責為學員的家長答疑解惑，平時的工作少不了電話跟電子郵件。但是范旭發現自己的電子信箱除了成為跟學員和家長聯絡的橋梁，更成為一些推銷人員的推銷場所。這些垃圾郵件的標題都很簡單，但是打開之後范旭發現裡面的內容大同小異，這些銷售人員顯然是「全面撒網，重點捕魚。」

面對這些垃圾郵件，一開始范旭很平靜，工作不忙的情況下會看看自己是否需要這些產品和業務，但長此以往，范旭發現自己開始對這些垃圾郵件產生了依賴心理，打開電子信箱總是先查看這些垃圾郵件。這種做法不止沒有為范旭的生活帶來便利，更無形中影響了范旭的正常工作，要知道不能及時解答學員家長的疑問，對自己所在的公司信譽也有所影響。

當意識到查看垃圾郵件的不利之處後，范旭查找了一些網路上封鎖垃圾郵件的方法，為自己制定了計畫：「只查看重要郵件，一律刪除那些垃圾郵件。」沒想到這個簡單的方法還真是管用，只花了半個月時間，范旭的做事效率就得到了很大的提升。

范旭的方法貌似很簡單，但是實施起來也是很有難度的，那麼他是怎麼做到的呢？下面我們來共同探討一下。打開我們的電子信箱，首先要確定電子郵件的優先處理順序，這與我們管理時間是同樣的道理，電子郵件中那麼多封未讀郵件，我們必須先處理那些既緊急又重要的郵件，這些郵件可能來自客戶、老闆，處理不好或者不及時將會為我們帶來一連串的惡性影響。

當處理完那些既緊急又重要的郵件之後，接下來我們要做的就是刪除那些垃圾郵件，讓這種郵件徹底遠離我們的生活和工作。當然也許這種處理方式可能會略顯極端，可是只有這樣做，才能徹底杜絕我們因關注垃圾郵件而失去處理事務的力量。

網路力量的強大導致我們這個時代透明化，只要在搜尋引擎中輸入你的名字，也許你的工作、電話和電子信箱將會迅速外流。但如果你的工作是服務業，那麼這種外流無遺是推動你工作前進的助燃劑，會有更多的人找到你，藉由獲取你的服務而使你受益。但從另一方面來看，你的電子信箱輕易被外洩，勢必會有很多人傳送垃圾郵件給你。

除了刪除這些垃圾郵件，還有人會選擇重新註冊一個新的電子信箱，來杜絕那些垃圾郵件。但這種做法根本治標不治本，通知他人你新電子信箱的地址勢必要浪費你的時間。也許註冊一個新電子信箱會替你短時間的寧靜，但時間長了之後你依然會遭受垃圾郵件的騷擾，這是毋庸置疑的。所以面對垃圾郵件，只有別太好奇而選擇直接刪除，才會阻止它影響你的時間和做事效率。

應酬也要省時間

「哪裡有什麼天才？我只是把別人喝咖啡的時間用在了工作上」魯迅的這句話大家肯定都很熟悉。可是，有多少人的時間被應酬占了個「精光」呢？所以，時間帳，我們既然要學會精打細算的話，應酬的時間當然也不能例外。

謝長明開了一家公司，從公司創建到現在也有五個年頭了，公司績效蒸蒸日上。事業有成的他，現在面臨的最頭疼的問題就是應酬太多。在一週的五個工作日裡，他得用四個晚上來和客戶談業務，即使是週末，謝長明也不能完全由自己來支配，經常要陪客戶活動。雖然他年齡不大，剛剛四十歲，可是長時間的應酬加上工作的勞累，已經讓他患上了胃病和高血脂病。而且，由於和客戶在一起的時間很多，他根本就沒有足夠的時間去思考公司裡的問題。公司裡總會有很多問題等著他去處理，可是他卻分身乏術，不得不犧牲自己原本已經少得可憐的休息時間。

我們的工作和生活離不開應酬。雖然大多數人都不喜歡應酬，因為應酬的過程中我們要做到陪吃、陪喝、陪笑，當然還要賠上自己的時間。可是這些都是必不可少的。那麼，我們該怎麼做才能讓自己應酬的時間安排得更加合理？關於這個問題，我們可以根據對方身分的不同來進行調整：

第一，來自合作夥伴的應酬

和合作夥伴之間的一些簡單事情，我們可以盡量避免見面應酬，在平常的情況下透過電話、視訊或者郵件來解決就可以了。在雙方通電話的時候，我們也不要忘記少說話、多辦事的原則，在三分鐘內可以解決的事情就不要說上五分鐘。

對於合作上比較重要的事情，當雙方進行會談的時候，應該盡快步入正題。在生活中，往往雙方見面之後，從寒暄到進入正題需要一個過渡，特別是對那些很講究人情禮節的人來說，他們總是少不了一陣客套話，講完這些之後才開始表達自己的真實目的，在他們眼裡，如果沒有前面的寒暄，談正事就顯得太突兀，好像見面就是為了辦事情。在這樣的情況下，我們的應酬往往會增加很多不太必要的時間。

倘若我們的應酬是出於商務或者工作上的目的，我們就應該在簡單問候、寒暄之後，直奔主題，盡量讓自己的時間得到充分的利用。

第二，來自下級的應酬

一、可以充分向下級授權

來自下屬的應酬，我們也要防止那些無關緊要的應酬，這樣可以節省我們的時間，提高效率。

首先，我們應該在部門內部，對每位職員進行一個明確而詳細的分工，把具體的事情都落實到個人身上。

其次，我們要給予下屬充分的授權。對於下屬職責範圍內的事情，如果他們有了權力獨自決定、獨自處理的話，當然就不會再來打擾你這個上司了。

二、集中在固定時間處理意外情況

當然，雖然上司給了下屬充分的授權，可是在具體執行工作的過程中也一定會遇到下屬無法獨自作決定的情況。所以，我們可以在每天或每週專門拿出一段時間，用來處理下屬遇到的各種問題。

三、除了面談以外的其他溝通方法也可以大大發揮作用

在網路如此發達的今天，許多公司都裝有內部區域網或者是內部管理軟體，這對公司內部人員的有效及時的溝通提供了很大的方便。不論是同事之間，還是上下級之間都特別方便。所以，我們不可忽視這些現代化工具的好處。

第三，來自上級的應酬

對很多人來說，那些來自上級的應酬都是最難處理的。很顯然，當我們應酬的對象是我們的上司時，對於他們的安排我們必須要服從。也許有的人認為，這樣的應酬對於自己的工作是沒有意義的。可是，我們必須清楚的一點是，即使對工作沒有意義，那我們也不能掉以輕心，必須告訴自己得重視，切不可有一絲的怠慢。這個時候，我們可以採用下面的方法：

一、向上級匯報我們的日程計畫和安排

在定期向上級匯報工作的時候，我們還應該把自己下一階段的計畫告訴他，而且還應該請上司參與到詳細的計畫制定中。在這種情況下，上級就能隨時知道我們的時間安排情況。

二、在制定我們的工作計畫時要參照上級的工作安排

我們在替自己制定工作計畫的時候，如果能把自己的工作節奏、排程和上級的安排協調起來，這樣就可以減少上下級之間因為工作步調不一致而出現的衝突。

三、牢記自己的工作職責

無論在什麼公司，在什麼部門和什麼職位，不同的部門、不同的職位都會有明確的工作職責和範圍。但是在日常工作中，往往會遇到上司交辦的工作已超出了我們的職責和範圍。這時候我們該怎麼辦呢？倘若我們答應做了，那就有可能會影響到我們的本職工作，所以這時候就要學會堅決而禮貌的對上級說「不」。

第四，來自突然拜訪者的應酬

一、可以適當迴避

那些對自己的工作沒有很大影響的人，我們可以迴避。比如可以委託自己的助理將其攔住，不和對方見面。但也要注意，要盡量不讓對方感覺到我們是有意迴避。

二、會見重要客人，控制時間很重要

倘若來的客人是必須會見而無法迴避的，那我們就要立即和對方會面。

在和對方交談的時候，我們應該掌握談話的主導權，要掌握住雙方談話的主題，不能談了半天還離題萬里。當談話的結果已經明確的時候，我們要抓住時機總結或做一些結論性的意見，這樣就能讓對方知道我們雙方要談的問題已經結束了。我們還可以用看錶或者其他方式暗示對方盡快結束雙方的會談。

擺脫「洪水」文件

很多人都有過這樣的經歷：有時候，辦公桌上的文件一疊又一疊，我們要拿出很多時間來處理這些洪水般的文件。對此，不妨做個整理，只留下有用的和重要的，不要被「洪水」所淹沒。

韓東峰是一家企業的董事長。在他剛剛接手這家公司的時候，公司由於績效不好，連年虧損。他當了董事長之後，僅僅用了六年的時間，就讓這家虧損的企業起死回生，不但還清了之前的債務，而且讓年利潤達到了數億新臺幣。這在商界可以說是一件非常傳奇的事情。當有人問他採用什麼方法讓這個企業在那麼短的時間內取得如此輝煌的業績。他回答說，其實很簡單，他剛上任的第一件事就是把一大堆沒用的文件整理出來扔掉。

在你的工作過程中，你的桌子上是否總是有一大堆文件等著處理？倘若我們每天都要處理大量的文件，那怎麼還可能集中精力進行思考和處理比這些文件更重要的事情呢？而對很多人來說，幾乎每天都需要花大量時間來做這些事情。面對擺在自己面前厚厚的一疊文件，不但要一份一份的瀏覽分類，而且有時還得必須回頭檢查一下看看自己是否忽略了裡面的重要東西。當面對一大堆文件的時候，很多人都覺得很無奈，這是因為我們必須花一定的時間來處理它們，把自己需要的文件給留下來，結果導致自己之前的時間安排被弄得一團糟。

其實在很多時候，如果我們拿這些文件沒有辦法的話，那自己必然成為犧牲品，被看上去很不起眼的文件堆所打垮。所以，我們要想辦法簡化一下自己的工作進程。其實，這並沒什麼祕密可言，有效的方法就是我們要想辦法堵住這些文件的源頭。

我們要養成這樣的處理文件習慣。應該注意並分析一下那些定期送來的文件、備忘錄、時事通知、報導、信件等，我們可以計算一下每天處理這些文件要花掉的時間。接下來再仔細判斷一下，看哪些文件可以丟棄，或者自己處理文件中的哪些步驟可以省略。我們可以依照以下方法去做：

對於那些備忘錄或報導，我們可以聯絡這些文件的發送機構，請他們把我們的聯絡方式從清單中除去，只留下有用的內容即可。

對於那些內容重複的雜誌、時事通知和商業性報刊我們則可以取消訂閱。因為自己根本沒有時間去瀏覽。對於報刊雜誌，我們應該搞清楚它們的價值，倘若我們根本就沒時間來看這些東西，那我們訂閱它們就沒什麼意義。我們可以想像，如果重要的話，就是再怎麼忙我們也必須得抽出時間去閱讀。

接下來，在我們閱覽報刊的時候，沒有必要從頭看到尾。對我們來說，完全沒有必要去讀那些我們已經知道的，或者離我們的工作生活很遠、沒有任何幫助的東西。而應該找出那些真正有用的資料，除了對自己有用的資料外，其他的則完全可以不予理會，這在無形之中就幫我們節省了大量的時間。

想要尋找一些有價值的時事、新聞等資料，我們完全可以在網際網路上進行查找，如今，網路這麼發達，透過網路了解當前的時事，既及時又方便，而且涉及面又廣，隨我們任意選擇。我們還可以透過建立網路群組，和自己的同事、下屬職員共享有用的報刊與時事通訊，大家同時都能接觸到這樣的資訊，從整體上就為我們節省了大量的時間。當然，大家必須遵守一個原則，那就是上班期間只交流對工作有用的那些資訊，而和工作沒有關聯的，則應該放在自己工作之外的時間私下進行交流。

總之，處理文件是我們工作中經常要做的事情，誰都避免不了。但我們不能成為文件的奴隸，要對接收到的文件分門別類，把自己的時間用在處理重要文件和事情上，對那些沒有用的文件、資料、報刊等應該果斷丟棄。

別讓會議吞噬你的時間

你的時間都去了哪裡？其實很多時候都是被一些無聊的瑣事給搶走了，名目繁多而效果不佳的會議就是其中之一。理一理自己的會議時間，減少開會對時間的浪費，你會發現，原來自己的時間其實並不少，少的只是合理規劃和安排。

廖長河是一家大公司的部門經理。他經常抱怨說，自己用來開會的時間太多了，幾乎每天都得開會。所以有很多工作就不得不利用早到晚退或是在週末時加班來完成，否則工作任務很難完成。除了這些工作之外，他還要花時間研究大家在會議上還有哪些問題或者方法沒有提到。

對於領導者來說，會議是實施領導的一種工具，是領導層用來履行責任的一種手段，當然也是一個公司進行管理的重要方式。所以，不管會議的規格高低、規模大小、時間長短、議題輕重，只要是必需的，那它就必然有出現和存在的價值。

在通常情況下，開會一般有以下這些原因：達成決議和解決問題、傳達資訊和監督員工、激勵團隊成員的士氣、鞏固領導的地位、激發新的創意等等。

在我們的工作中，一般只要有三個人以上有議題需討論的話，那就可以開會。開會對任何公司，不論是企業還是政府機關，都是非常普遍的事情。可是，很多時候，有很多人一聽到開會這個詞就會抱怨「又開會」、「整天開會有什麼用」等等。那麼，為什麼大家會有這些消極的反應呢？

事實上，開會在很多時候往往是討論了半天，結果也沒有提出好的方案。不然就是不著邊際，盡是些對解決問題沒有用的說辭，更有甚者就是形成的決議只能停留在理論階段，嚴重脫離實際，沒有可操作性。這對參加會議的人來說純粹是在浪費時間，所以大家有抱怨也就不難理解了。

其實現在的很多會議，不是拖得太長，就是缺乏效率。往往在會議中有一半以上的時間是會被浪費在無聊的會談中。根據調查，關於會議方面的問題，每年為企業帶來的時間損失要多達三十多個工作日。我們想想，這三十多天對企業來說，如果不用在開會而用在其他方面，不知能辦成多少事情。開會對時間的浪費主要展現在會前準備不充分、排程缺乏合理性及與會者對議事規則的無知等方面。

即便有上述問題的存在，但會議卻依然在人們的社會生活中占有很大的比例，這是我們有目共睹的事實。調查發現，當今社會，全球每天會有五千萬個事務性會議，而美國則以每日一千萬個會議名列榜首。在日本，那些企業的高級管理人員會把他們一天四成的時間用在會議上，俄羅斯的高級管理人員每天花在會議上的時間也有百分之三十到四十之間。而且每年人們開會的次數也表現出緩慢增加趨勢。從上面這些統計資料我們可以看出：一定要對會議進行有效的管理，否則我們大量的時間都會被會議白白浪費。

研究發現，會議之所以沒有取得預想的效果，之所以會變成一個低效率的會議，主要原因有以下幾個方面：

會議的目標不明確，議題不清晰；開會只是為了走個形式；主持人會前的準備不夠，而且缺乏控制和引導會議的能力；會議發言沒有提到自己的觀點，總是重複他人的觀點；很多與會人員的時間觀念不強，不準時參加；對於一些問題雖然反覆研究，卻總是達不成共識；匯報工作抓不住重點，像在報流水帳。

還有一個很重要的問題就是關於會議成本的問題。不論是什麼會議，它的召開都要耗費時間和人力，所以成本就是不可忽視的一個問題。當我們明白了會議的成本之後，就可能會減少會議對時間的浪費問題。日本的一家大型企業每次開會都用以下公式計算成本：

每小時平均薪水的三倍乘以二乘以開會人數乘以開會時間（小時）

也許我們看了這個公式就會有疑問：為什麼要以每小時的平均薪水的三倍再乘以二？原因是這樣的：人們的勞動產值往往比人們的平均薪水三倍還要多，所以要乘以三；又因為人們參加了會議就必須中斷自己手頭的工作，這是會造成損失的，而且損失最少是兩倍。

我們把舉行一次會議的成本計算一下，這時我們就會發現開會的成本的確很高。倘若我們在每次召開會議之前都計算一下成本，並且由會議的籌辦方來支付報酬和賠償的話，就可能讓會議的次數大大減少。由此看來，即使我們的確需要開會，那也要盡量減少參加會議的人數，縮減會議的規模，壓縮會議的時間。

在日常工作中，對於那些可開可不開的會議，應該盡量不開，通常情況下，出現下面的這些問題才需要考慮開會：

需要依靠集思廣益才能解決的問題；按常規程序來不及解決的事情；需要做出相對重要的決定；當透過會議的方式能對參加者具有訓練價值和激勵作用時；所做出的決定需要獲得大家的同意通過時；推行重大改革和新方法時等等。

透過有效溝通，提高辦事效率

溝通不是簡簡單單的說話，而是要傳情達意。現代生活節奏非常快，在做事情的時候，我們大都只是溝而不通，在溝通中製造誤會，降低辦事效率。想要提高效率，我們必須做到有效溝通。

伏爾泰表示：「上天賜予我們語言，是為了使我們了解他人真正的感覺。」這句話可謂道出了溝通在人類社會中的重要性，但是卻不是每個人都會溝通。很多人都會詫異，溝通不就是說話嗎！怎麼會存在誤會呢？但事實上溝通分為多種層次，一旦在某個層次上出現溝而不通的現象，的確有產生誤會的可能性，而且一旦在我們的溝通中出現誤會，那麼勢必會影響溝通的效果，更會為手上正在處理的事情帶來危機。

張錦華在在美容產品業做銷售工作已經五年，在公司的業績一直名列前茅，前不久被提拔為銷售部經理。張錦華本人不太喜歡做上司，尤其要帶領整個銷售部，雖然做銷售已經五年了，但是張錦華此刻對自己失去了信心。雖然升遷了，但是當面對過去是同事，現在卻是自己下屬的同事，張錦華總是缺乏領導該有的組織、領導力度。

公司主要經銷化妝品，夏季永遠是商家瘋狂創造業績的季節，今年的夏天也不例外，上司要求張錦華為公司提高百分之三的銷售量，張錦華感覺壓力很大，心中不免在想：「如果銷售額提高三個百分點，那麼落實到銷售部，應該硬性要求銷售部的每一個員工都要提高提高自己的銷售額，至少得……。」

她心中還在打著算盤，上司厲聲問道：「張錦華，可以做到嗎？」

面對這個問題，張錦華回答得模稜兩可，說實話提高三個百分點相當困難，可是面對上司，張錦華又不能說出有困難。

這個夏天過去後，公司把張錦華從銷售部經理的位子上撤了下來，因為她在面對上司時不能明確答覆，缺乏坦誠的態度；面對下級又不能做出明確要求，沒有硬性標準，下屬沒有工作目標，很難完成公司的任務。

張錦華正是在溝通方面匱乏才導致自己的失敗，沒有效率的溝通相當浪費時間，這種溝通好像什麼都說了，可實際上任何關鍵點都沒有落實，無論是工作中還是生活中，只有有效率的溝通才是恰當的、正確的，才可以提高自己的辦事效率。那麼怎樣才是有效的溝通呢？怎樣做才是真正的有效溝通呢？

有效的溝通要求我們隨時注意說話的分寸，不能想說什麼就說什麼，隨心所欲的溝通將會為我們帶來很壞的影響。正確的溝通要求準確表達出自己的見解，讓溝通的對方能夠正確了解你的意圖，這樣才能避免在溝通的過程中出現誤會。無論是我們的生活還是工作，一旦溝通存在偏見分歧，勢必會影響溝通的效果、拖慢辦事的效率。

如果我們從心理學的角度出發，有失準確的溝通將會為我們的心裡帶來負擔。一旦在與人溝通的過程中出現偏見，我們一定會將注意力先轉移到解除誤會上來，而減少對原有事務的解決時間，降低辦事效率。當最後期限即將到來，原有的事務還沒有完成，這時候緊迫感與焦慮感圍繞著你，人在高壓之下效率會更加的低下。試想一下，誰能在負面情緒之下安心工作呢？

曾華瑄畢業後應聘到一家房產公司，實習期三個月，可是才短短的一個月的時間之後，曾華瑄就轉正職了，很多同期跟曾華瑄一齊進公司的新人不明就裡，不知道這是為什麼，多多少少有些不服氣，有一天王晴就找到部門經理，想詢問究竟。

得知王晴的來意經理示意王晴坐下，然後對他說：「曾華瑄之所以能用這麼短的時間結束試用期，原因很簡單——曾華瑄會問問題。很多人會說話，卻不會問問題，而曾華瑄不是，工作中遇到什麼不明白的事情，她都會詢問我或者是其他同事，而且是迅速的，這對她的工作很有幫助。」

「還記得你們求學的時候嗎？遇到不會的問題馬上問，會使自己獲益良多，曾華瑄就是這樣做的，所以她能夠迅速得到提升。」

很多人會認為溝通只是平實的交流，這無可厚非。但在與他人的溝通中，適當提出疑問更能突出溝通的效果。疑問更能激起對方的溝通欲，帶有疑問性的溝通可以使你的溝通對象向你傳授制勝的法寶，無形中會提高你的做事效率！

無論在什麼時候、什麼境遇下，只有清楚明白的說出你的期望，才能節省每一個人的時間，創造更多的效率！要永遠摒除你的模稜兩可和你的無所謂，因為言語與態度上的放任會降低你的效率！

對付時間竊賊的好方法

不要讓自己時間的倉庫滿地狼藉，而是要讓它井然有序。

我們該如何管好自己的時間呢？其中一個很重要的措施就是要想方設法減少我們浪費掉的時間。在日常生活和工作中，我們的時間往往會被下面這些「時間竊賊」給偷走：

第一，懶惰

對此，我們可以這樣做：

一、為自己制定出行事曆時間表。

二、要儘早開始自己計劃做的事情。

第二，做事時斷斷續續

很多公司職員之所以浪費了很多時間，最主要的就是他們做事的時候斷斷續續。中斷了工作後，想要再回到之前的做事思路上，就需要花時間調整大腦活動及自己的注意力，才能讓自己接著上次的思路把工作做下去。

第三，找東西

一家機構對美國上百家大公司的職員作了一項調查，結果顯示，有很多人每年都要用六週的時間來尋找自己亂放的東西。這也就是說，這些人每年要把百分之十的時間浪費在尋找這些東西上。針對這樣的問題，我們可以這麼做：對於自己不用的東西就可以直接扔掉，而對於那些不扔掉的東西則可以分門別類的保管好。

第四，拖拖拉拉

有些人辦事總是前怕狼後怕虎。他們在做事的時候，總是把大量時間浪費在沒有意義的思考上。他們擔心這個，擔心那個，想想這方面覺得不行，想想那方面又覺得不行，於是便找藉口延遲自己的行動，可是到最後又會為沒有完成任務而悔恨。遇到這樣的問題，我們可以採用下面這些方法：

一、要明白一項任務是否非做不可，如果沒有必要，那就可以直接把它取消掉。

二、可以嘗試著把某項工作任務委託給別人。有時候遇到的事情，不一定是我們喜歡做的，但也許其他人就可能喜歡。這時我們委託他們做，既能高品質的完成任務，也能讓別人獲得成就感。這對雙方來說都是很有利的。

三、要盡力克服自己拖延的習慣。生活中有很多人養成了拖延的不良習慣。應該在日常生活中多反思自己。要明確認識到不良習慣的壞處，重新訓練自己，爭取讓自己的那些壞習慣消失，取而代之的是辦事乾淨俐落的好習慣。

四、弄清楚有什麼好處，然後行動起來。倘若我們有重大目標，那麼就會比較容易拿出自己的幹勁去完成對我們的目標有益的任務。

第五，對問題缺乏理解就匆忙行動

生活中這樣的人也比比皆是。他們的行事風格正好和那些辦事拖拉的人相反，他們性子急，往往追求先下手為強。他們在沒有對一個問題的充分了解之前就匆忙行動，以致往往需要推倒再重來。這種人必須培養自己的自制力。

第六，單槍匹馬打天下

其實在我們的工作和生活當中，不可能事事都靠自己一個人的力量將事情完成。很多時候，我們還要求助於他人。有了他人的幫助，很多時候我們的工作會收到很好的效果。

第七，分不清輕重緩急

在做事的時候，分清輕重緩急也是至關重要的。即使我們能夠避免上述的大多數問題，可是在辦事的時候若連輕重緩急都分不清的話，要想達到自己預定的效果也只能是空中樓閣罷了。所以，這在我們的工作和生活中也值得我們高度重視。

第八，惋惜不已或白日做夢

不知你是否注意到身邊的人或者是你自己就有這方面的毛病：對於自己過去犯下的錯誤總是念念不忘，或者總是對於自己失去的機會後悔不已，或者只是一味的空想未來而沒有付出行動。這些心態對我們的工作和生活都是不利的，應該在學習和工作中多注意克服。

第九，心態負面

我們的情緒對做事有很大的影響。每個人肯定都知道，當自己情緒好的時候，做事也有動力，而且品質高、效率高。可是一旦情緒低落的時候，做事必然受到情緒的影響。不但容易出錯，而且還沒有效率。而我們情緒低落的情況會受到各式各樣的影響，比如對他人的妒忌、相互之間的明爭暗鬥、生悶氣及其他方面的負面情緒，這些都會讓我們的心情受到極大的影響。所以我們要經常調整我們的情緒，保持樂觀向上的心態，這對自己的發展才是有利的。

學會在疲勞之前休息，提高效率

時間就是金錢，效率就是生命。提高效率，就要利用好時間，適當休息，疲勞戰只能讓自己淪為工作的俘虜。

當人處在疲勞狀態的時候，總容易出現心情憂慮的情況，而且在這個時候做事的效率會大大的下降。如果我們在長期疲勞的情況下繼續工作，就可能造成免疫力下降，甚至積勞成疾。與此同時，我們的憂慮感和恐懼感也會加強。從這些方面來看，我們都應該防止自己過度疲勞。

美國西點軍校對陸軍部隊的行軍情況做了研究，結果發現，對於那些經過多年軍事訓練、體格健壯的士兵來說，只要能在行軍過程中每一小時休息十分鐘，那麼他們的行軍速度就會明顯提升，而且也能堅持更長的時間。

對於我們每個人來說，倘若我們能堅持鍛鍊，而且遵循合理的休息原則，那我們的體質就會得到很大的提高。

醫學上曾做過這樣的統計，一個人的心臟中每天循環往復出入的血液，足夠裝滿一節油罐車廂。心臟每天提供給人整個軀幹的能量也龐大得讓人難以想像，相當於我們用鏟子把二十噸煤從平地上鏟到一公尺高的平台上所需的能量。人的心臟竟然能承受這麼多讓人難以置信的工作量，而且還能如此持續一個人的一生。這是非常了不起的事情。心臟一天的任務就如此重大，可是要幾十年甚至上百年如一日的這樣工作，如此高的強度，心臟是怎麼承受的呢？

對於這一疑問，醫學上早就給出了解釋：在很多人看來，人的心臟總是在一刻也不停的跳動著。其實，並不是這樣。人的心臟在經歷了每一次收縮之後，都會有一個完全靜止的時間。倘若人的心臟以每分鐘七十次的正常速度跳動時，其實在一天二十四小時的時間中，心臟真正工作的時間只有九小時左右，而在剩下的十五小時左右的時間裡心臟都處在休息狀態。這就充分證明了休息對身體的好處。

在第二次世界大戰的時候，時任英國首相的邱吉爾已經是一位年過七旬的老人了，可是當時的他依然能夠每天工作十六個小時，指揮英國的部隊作戰。在如此高齡的情況下，邱吉爾的做法確實非常讓人驚訝。他能夠保持長時間工作的祕訣在哪裡呢？當時在邱吉爾身邊工作的人說，他之所以能有這麼好的精力，主要就是因為他每天都在床上工作，不論是口述命令、看報告還是打電話都在床上進行，甚至還在床上舉行重要的會議。其實他這樣的做法並不是不會感到疲勞，也不是說在床上工作可以消除疲勞。最根本的原因是他根本不必去消除疲勞，他總是採用事先休息的方法把疲勞拋至九霄雲外。他之所以在如此高齡的情況下還進行高強度的工作，就是因為他經常休息。

我們可能都知道美國的石油大王洛克斐勒，他一生創造出了兩項驚人的世界紀錄：一項是他在一九三〇年代的時候就成了世界首富，創造出了自己的財富帝國；另一項是他活到了九十八歲。這在全球著名的企業家中是特別少有的。那麼他是如何做到既賺取了超級財富，還能讓自己的身體保持如此健康長壽呢？原因其實很簡單，他在工作的時候，每天中午都會在辦公室睡一會兒，每次半小時左右。而在半小時期間，即使再重要的事情他都不做，就是踏踏實實的休息。也就是這短短的半小時，讓他保持了充沛的精力，這就是他長壽的關鍵所在。

上面的種種事例證明，我們應該養成在疲勞時休息的習慣，因為這樣既對我們的身體健康有益，同時也能讓我們以充沛的精力去應對自己的工作。

要學會排除干擾

前進路上，當我們掃清了障礙，前方的路就會變得容易多了。適當清理自己的時間門戶，讓自己的干擾少一點，還是很有必要的。

你是否正在為自己的工作效率不高而感到一籌莫展？你是否因為經常擺脫不了很多干擾因素而不能按時完成工作？其實，要解決這些問題，對我們來說也不是很困難。

我們可以在日常生活和工作中做個這樣的嘗試：如果你發現自己的工作已經偏離了正常軌道或者說和自己的計畫相背離時，你不妨把這個情況記錄下來，然後想想自己出現過的類似情況，想想為什麼會出現這樣的情況，接下來你打算採用什麼方法來減少這種事情的發生。

為了把那些影響我們工作的各個干擾因素都排除在外，我們可以採用下面的這些方法：那些與自己的工作沒有關係的東西，不要放在自己眼前。比如遊戲機、電影光碟和其他一些對工作沒什麼用的報刊雜誌等。即使在家工作，也必須把容易導致自己分心的東西拿走。

倘若我們熱衷於電腦遊戲，那就一定不要在自己工作的電腦裡安裝或者保存它們。否則，我們在工作的時候就很有可能產生「身在曹營心在漢」的情形——表面看上去在做自己的工作任務，其實心裡還想著「我的遊戲進行到第幾關了，真是太刺激了，在後面該採用什麼戰術才能獲取勝利」等等。出現了這樣的情況，不但不能提高工作效率，而且工作時還很容易出現錯誤，從而錯過解決事情的好時機，也浪費了我們的時間。

所以，我們一定要為自己建立一個清淨的工作環境，讓那些無關的資料都脫離我們的辦公環境。辦公環境乾淨了，使我們注意力分散的東西也就少了，從而就為自己的高效工作創造了一個良好的條件。

對我們的工作具有干擾因素的另一個方面就是手機。我們可以將與工作有關的聯絡進行集中處理。可以給自己設置一個固定的和外界進行工作聯絡的時間，並告知自己的客戶，讓他們在這個時間和你聯絡。

而且要在自己的工作安排表中把這段時間明確標記出來。然後在具體執行的時候，嚴格按照自己的計畫去做。這樣可以讓我們免受到電話的干擾。倘若在我們工作的過程中，辦公室的電話一個接一個的響，那我們必定會受到電話鈴聲的干擾，於是自己的思路就會被打斷，當然手頭的工作也必然會受到很大的影響。

在我們的工作時間內，最好不要進行私人電話的接打。就算是打私人電話，那也應當安排在適當的時候。對於自己的私人事務，可以替自己安排一段專門用來接打私人電話的時間。同時也要把自己安排的這個時間段告知自己的家人、朋友和其他相關的人，請他們只在這個時間段內和你聯絡。

我們還要學會擺脫同事聊天的干擾。有的同事很喜歡在上班時間聊天，這樣很明顯會影響我們的工作。這個時候我們就可以委婉的告訴對方，可以選擇合適的時間和地點進行溝通。

倘若對方總是不分時間地點，稍微有點無關緊要的閒雜事情就找我們聊天，那我們就要想辦法在他進來之前把他擋在門外。比如，可以採用這樣的方法：關上辦公室的門，在門外掛一塊牌子，上面寫著「請勿打擾」；如果別人正準備找我們來聊天，那我們不妨給他一個暗示，表明自己正在工作，沒時間聊天；或者可以直接告訴他你今天的工作量很大，實在是抽不出時間陪他說話。

總之，當我們想擺脫同事的聊天干擾時，可採用的方法很多，只要我們用得巧妙，讓對方知道我們沒時間和他們聊天，那我們利用時間的效率就可以得到保證。

當我們的助手或者祕書協助我們的工作時，我們就可以告訴他們，清理掉工作區域內那些不相干的東西，不要讓它們影響我們的工作。我們可以回想一下自己以前的情況，是否經常不能依照計畫來完成工作，不是留在辦公室裡加班完成剩下的工作，就是把一大堆沒有完成的工作帶到家裡去做。仔細想想出現這些情況的原因，我們就會發現，罪魁禍首往往是那些干擾因素。

我們可以在今後的工作中嘗試一下上面的幾種方法，為排除干擾、提高效率而奮鬥。

第五章
杜絕拖延：創造超強行動力

做到準時和敏捷

珍惜點點滴滴的時間，會給自己創造出許多財富。

在現代社會中，「能力」和「敏捷」往往是立足社會的兩大基本因素。而能力則通常是準時和敏捷的必然產物。很簡單，如果一個人能在短時間內高品質的完成任務，人們就認為他能力強。所以，倘若一個人能夠懂得時間的可貴，那就能做到不讓自己的時間白白浪費。這樣的人，一生將是再充實不過了。

凡是事業上取得重大成就的人，我們從他們的身上都能看出準時和敏捷的習慣。倘若一個人在做事的時候總是不準時，和他人的赴約經常遲到，辦事總是比他人慢半拍，那麼在日常的人際交往中，他的這些表現就會讓別人對他產生不信任的心理。儘管他的內心可能是很忠誠、很可靠的，可是他的不準時會讓他在對方心目中的形象大打折扣。

在為人處事的過程中，「準時」和「敏捷」的重要性是不言而喻的。做事就要做到抓住時機不錯過一分一秒。這樣的人在事業上一定能贏得很棒的業績。拿破崙曾經說，他能將奧國的軍隊打敗，很主要的原因就是奧國的軍人不懂得「五分鐘」時間的重要性。他說，「每錯過一分鐘時間，即是多給予『不幸』以一分可乘之機。」

不論事情發展到什麼階段，那些準時做事的人總是能夠做到既不浪費自己的時間，也不浪費他人的時間。所以說，在他的這種強烈的時間意識下，能更容易的實現自己的目標。而那些不能敏捷、不能準時的人，往往會讓良好的晉升機遇擦肩而過。

對於那些珍惜時間而且肩負重任的人來說，不能準時辦事而造成的過失簡直就是不可寬恕的。

奧列格是美國一家大型企業的總裁。曾經有一段時間，每天上午九點他總會約一個年輕人來他的辦公室談事。因為之前那位年輕人曾經委託奧列格幫他介紹一份工作。剛好，奧列格替他找到了一個合適的職位。

這天，奧列格打算在他們談話之後帶這位年輕人去見一位在鐵路系統工作的經理，因為那位鐵路系統的經理也跟奧列格打過招呼，讓他幫忙物色一個職員。可是那位年輕人當天九點二十分才來，那時奧列格已經不在辦公室了。他已經去和另一個人談事情了。

過了幾天，那位年輕人請求奧列格重新會見。奧列格問他為什麼上次沒有準時到來？年輕人回答說：「先生！我那天是在九點二十分到的。」奧列格立刻提醒他，「可是我們定的時間是九點整啊！」「是，這我知道，」年輕人支支吾吾回答說，「只相差了二十分鐘的時間，應該沒有什麼大關係吧！」「不！」奧列格一臉嚴肅，「怎麼能沒多大關係？就是在那二十分鐘裡，你失去了你想做的工作。因為當時，鐵路系統上錄取了另一位職員。而且容我告訴你，年輕人，你可不要小看這二十分鐘的時間，就在那天的那二十分鐘裡，我正在趕赴另外一個重要的預約。」

曾經有一位智者這樣對他的朋友說，他總是把時間看得很重要，在他眼裡，一小時的時間就相當於五千元。要是我們都能像那位智者一樣珍惜自己的時間，抓住自己的時間，充分利用自己的時間，成為時間的主人，也就成了財富和成功的主人。可是生活中的絕大多數人，卻都沒有強烈的時間觀念，經常虛擲寶貴的時間，所以，很多時間就白白浪費掉了。而對他們來說，浪費的不僅僅是時間，還有機遇。可是這一切都在他們的無知中蕩然無存。他們因為一次次的浪費時間，所以面對的只能是一次次的後悔，可是後悔又能解決什麼問題呢？

魯迅曾經說，浪費時間就等於是圖財害命。不管對別人還是對自己，我們都要有強烈的時間觀念，不要認為幾分鐘、幾秒鐘的時間那麼短，做不了什麼事。事實上，往往在關鍵時刻，可能就是那短短的幾分幾秒，就能決定整個事情的結局。因此，時間不容忽視，哪怕是一分一秒，我們都要爭取。時刻做個準時的人，做個敏捷的人，本著分秒必爭的態度去對待事情，一定會有驚人的成果被我們所獲。

把計畫變得靈活一點

在做事之前制定計畫就像在蓋樓之前先設計工程圖一樣，有了工程圖蓋樓才能順利進行，有了計畫事情才能順利實施。當然，我們做事的時候計畫也要靈活一點，要根據事情的發展變化適時變通。

可是事實證明，有些人雖然為自己制定了做事計畫，但由於自己對事情的估計不到位，考慮得不周到，往往當意外發生的時候，他們的計畫總是會受到影響，因而就可能延誤整個事情的執行進度和結果。

一位作家對於計畫的變通曾談到一些自己的看法。他說，按照他的個人習慣，他通常喜歡在凌晨進行創作，而他的大部分作品也都是在這個時間段完成的。在通常情況下，他都會先擬定一個計畫，然後就抓緊時間完成，一般要求自己在家裡其他人還沒起床之前就完成其中一兩條。可是他的四歲的小女兒，假如她有一天突然早起來到書房來看他的話，那他的計畫必然會被打亂。遇到這樣的情況他是怎麼處理的呢？他只好將可以做的事提到凌晨來做。他也只能採用這樣的辦法完成計畫。因為他時間安排得太緊湊了，計畫缺乏靈活性。

我們可以想想，倘若一個人計劃在去上班之前留出鍛鍊身體的時間，可是他辦公室突然打來了緊急電話，這讓他不得不改變自己的計畫，那他又該怎麼對待呢？所以，我們不但要有計畫，還應該將計畫安排得靈活一點。

俗話說，計畫趕不上變化。在我們的日常生活中，這樣的例子真是不計其數。總會有些事情並沒有按照我們想像的那樣發生，當遇到這些情況時，我們不得不改變計畫：我們發現自己口袋裡的錢並沒有事先計劃的那麼多；朋友答應我們的事卻沒有做到；在我們午休的時候突然來了不速之客；發生了緊急情況，我們手頭正在做的事不得不停止……像這些事情如果發生了，我們應該這樣做：第一，接受事實，一切的抱怨甚至惱怒都沒有用；第二，保持冷靜，好好想想哪件事情在當前必須執行而其他事情則可延後處理。

倘若計畫改變導致我們的事情沒有如期完成，我們不要以此為藉口，不要覺得處理不好是很自然的，也不要覺得這樣的過失是可以原諒的。此時，我們要做的就是看能不能有什麼補救措施，盡量讓損失降到最低。

我們應該明確意識到，造成這種過失的真正原因在於我們自己，是我們對形勢判斷出現了誤差，因而錯誤判斷自己應該先這麼做，後那麼做。我們可以再以上面那個作家為例，到底是嚴格完成自己的寫作計畫重要呢，還是陪陪自己四歲的小女兒重要？不論最終選擇哪個，都應該去做。而不應該因為自己無法抉擇而白白浪費了時間，卻什麼也不做。

當我們遇到幾件事情發生衝突，而不得不選擇其中一件的時候，通常考慮的都是「到底哪件事更重要？是繼續履行計畫呢還是將計畫變通一下？」很明顯，倘若我們希望出現這樣的情況時自己能鎮定自若，那就要在制定計畫的時候進行多方面的考慮，不要把計畫做得過於死板。我們可以試著考慮一下可能會出現的情況，並留出足夠的餘地，按照這樣的方法，當出現了緊急情況時，我們的計畫就不至於付諸東流。

日常生活中，我們也經常遇到一些情況：比如舉行大型活動或者會議的時候，舉辦方都會事先制定出緊急預案，以防出現突發事件的時候能更好的應對。所以，如果事先將計畫做得很靈活，具有一定的變通性的話，這對於很多人來說都是很有幫助的。倘若預想到了這件事的發生，當真正面對的時候，我們就不至於慌慌張張無從著手變通。

倘若我們的計畫做得靈活了，漸漸就會發現，原來自己的生活很美妙：很多事情自己都能輕鬆的處理，也沒有必要再多花氣力。每當這個時候，我們也就不會因為浪費了大量的時間和精力而感到心情鬱悶。

當然，計畫靈活了，有時候就可能會有拖延懶散的行為，倘若沒有什麼大的干擾，我們就必須時刻提醒自己「要按照計畫及時完成任務」，這就要求我們對自己負責，不可被自己的懶惰心理所打敗。

每天提高百分之一

人生在世，怎麼追求進步？其實很簡單，只要每天能提高百分之一，最後累積起來就是一個很龐大的數目。所以，對於百分之一，不要忽視，不要小看，而應該有足夠的重視！每天都前進一小步，最後就是自己人生的一大步。

幾年前，史慧明在一家外資企業做銷售總監。自從當上了總監，他的生活就發生了很大的變化，工作更忙了，應酬更多了。就這樣一晃幾年過去了。結果，就是在這幾年的發展過程中，一名學歷比他高的下屬開始嶄露頭角。這名下屬的能力比他強，而且也累積了很多經驗。銷售業績特別好，在公司最近舉行的績效考核中名列第一。所以他便被推上了總監的位子，將史慧明取而代之。

史慧明之所以會落得這樣的下場，就是因為他當上總監之後，並沒有注重不斷提高自己。所以，我們不論處在什麼境地，都要學會不斷提高自己，否則就可能會被別人超越。

事實上，讓自己每天都取得很大的進步，我們可能會覺得有點困難，但是只要能做到「每天提高百分之一」就可以了。只有每天不斷的進步與突破，我們才可能摘取成功的桂冠。

我們都知道積小流成江海，滴水穿石的道理。倘若一個人想獲得偉大的成就，那就要從獲得小的成功開始，點點滴滴累積，最終就會結出碩果。如果我們不要求自己每天都有進步，那就說明我們的信心還不夠。對自己沒有足夠的信心，那還怎麼提高自己，怎麼成就大事？

很多歌唱家每天都練嗓子，這是為了讓自己的歌唱水準得到進步。一位古典音樂家曾經說過這樣的話：「一天不練，自己知道。兩天不練，妻子知道。三天不練，聽眾知道。」

其實不論對企業還是個人，每天提高百分之一並不是一件很困難的事情。比如製作一個小零件，我們一小時能生產一百個，倘若把自己的效率提高百分之一後，那每小時就能生產一百零一個。要達到這樣的目的其實很簡單，並不需要對原來的生產方法進行大範圍的改進，也不需要大量的人力和超人般的生產速度。只需我們稍微努力就能實現。當這一目標實現後，我們會發現無論做任何事情，我們要提高百分之一的效率會更容易做到，正是這看似小小的努力，卻往往能產生價值不菲的回報。

我們要把自己的效率提高百分之一，就要對自己的時間進行更加合理的安排和利用。為此，可以參照下面這些方法：

第一，將自己的起床時間提前百分之一

其實人人都想提高自己的辦事能力，都想讓自己的方法更有效。只是很多人沒有找對方法。那我們就可以試試，把自己的起床時間提前一個小時。也許有人會說還沒睡好，提前一個小時會讓自己感到疲倦，影響工作。其實，並不是這樣。提前一小時起床通常不會影響我們的睡眠效果。相反，我們透過長期堅持，會發現利用這一個小時往往能學到很多東西。

第二，少浪費百分之一的時間

該如何讓浪費時間的事情減少呢？我可以盡力避開那些浪費時間的活動。譬如盲目參加一些志願者團體、社區組織的活動等。當然如果自己覺得這些活動對自己有益，而也感興趣的話，就可以去參加。但不要總是跟在別人的後面，別人參加什麼，自己就參加什麼。要根據自己的興趣愛好有選擇的參加。

第三，試著讓自己的思考速度提高百分之一

人常說，腦子越用越靈活。我們思考問題，和做其他的事情一樣，都有一個循序漸進的過程。平日遇事多思考，自己的大腦受到的鍛鍊就越多，我們可以在平時多多學習，看看周圍那些成功人士是如何思考問題的，從他們那裡汲取營養，推動自己的發展。

第四，每天多獲取百分之一的能量

研究發現，對每個人來說，在一天的工作時間裡，要想時刻都達到較高的工作效率，那是不可能的事情。通常情況下，較高的工作效率只能連續保持一到兩個小時，在這期間，只要集中精力工作，效果是很不錯的。當過了這個時候段，我們就應該休息一會兒，從而讓自己恢復體能。

另外，在工作日，我們的午餐不要吃得太飽，否則會昏昏欲睡。也不要飲酒，酒精的刺激會影響我們的思維能力。

朋友，你不妨按照上述的方法去試試。「每天提高百分之一」的進步看似是非常小的，可是它卻很有後勁，只要我們能一直堅持下去，一個月下來，我們就會發現自己已經取得了很大的進步。對任何人來說，倘若每天都能提高百分之一，那將是非常了不起的事情，能做到這樣的話，那麼在人生的道路上，任何阻擋我們前進的事物，都會被征服。

成功和失敗之間並沒有非常遙遠的距離，在很多時候，倘若我們能讓自己每天都得到提高，那就會收獲成功；而不能讓自己每天都提高，就會裹足不前。這就是它們之間的區別。成功是在不斷進步中實現的，而失敗不是原地踏步就是倒退。倘若今天的我們和昨天相比沒有什麼進步，那就只能在競爭的獨木橋上被擠下水裡。

不要一味等待，沒有萬事俱備的時候

人生不可能總是萬事俱備，所以，我們沒有必要事事都追求萬事俱備後再行動。「先下手為強」，接到任務弄清楚來龍去脈後就應該馬上去做，不要再等待，時間是不等待任何人的。

「萬事俱備」雖然能降低我們的出錯率，可是它會讓我們錯過成功的機遇。其實在工作和生活中，我們沒有必要總是等到「萬事俱備」後再行動。總是期待「萬事俱備」，就會總也達不到成功的目的，它只是「永遠不可能做到」的代名詞。

因此，對我們來說，無論自己從事的是什麼行業，做的是什麼工作，當我們接到工作任務後，就應該弄明白做好這項工作的關鍵在哪裡，搞清楚所要解決的問題的實質，這時就要當機立斷，馬上行動。這才能讓成功最大限度的垂青於我們。

可是在很多時候，我們做事的習慣並不是這樣的。總是在事情剛到來的時候，能產生積極的想法，可是接下來通常就會產生其他的想法，比如「我應該先……」於是，自己之前產生的積極想法就這樣被拋棄了，為了讓自己所做的事情達到預想的成功，我們可能會顧慮重重，思前想後，覺得好像這樣不行，那樣也不行，而應該尋找最好的方法。於是，時間就這樣被一分一秒的浪費了。而最終面臨的還是沒有完成的工作。

在很多時候，倘若我們立即進入工作主題，這時就會驚訝的發現：與其把自己的時間浪費在等待「萬事俱備」上，還不如把那些時間用在處理手頭的工作上，這樣我們會發現處理事情的時間往往綽綽有餘得多。許多事情都是這樣的，當我們立即動手去做，就會感受到其中的樂趣，成功的機率也會加大。倘若不斷拖延，固執的追求「萬事俱備」這一先決條件的話，這不但會讓我們付出更多，原本的樂趣也會不復存在。

一位畫家在走路的時候，靈感突發而至，倘若他抓住了這個短暫的瞬間，迅速拿出筆，把這個靈感畫在身邊的某一片紙上，或者他的衣服上，這對他來說必然是一個意外的收穫。

可是如果他並沒有這麼做，而是想著等回到自己的畫室，鋪開畫布，調好顏料，做好這一系列準備工作後再執筆捕捉這個靈感。但靈感往往是轉瞬即逝的，待一切就緒後，即便是費勁心思，都很難找到當時的感覺。

所以說，做事總是追求「萬事俱備」的人，往往是最容易被失敗光顧的人。從另一個方面來說，「萬事俱備」還是個「時間竊賊」，我們寶貴的時間和機遇總會被它所「竊取」，從而導致工作不能迅速、及時、高效的完成。

誰不希望自己在老闆的心目中是個「積極者」的形象？誰不希望把自己的能力展現給老闆看？可是又有多少人真正能做到讓老闆欣賞和肯定呢？若總是被「萬事俱備」所束縛，怎麼能在工作中大展拳腳，展現自己的才能呢？我們應該即刻去著手自己手中的工作，當我們做到了「立即行動」，才能把「萬事俱備」拒之門外，才能讓自己減少因「萬事俱備」而造成的損失。

當我們成了做事迅捷的人，自己的實力自然會被老闆發現。老闆下達給我們的工作任務，我們總能又好又快的完成，我們在老闆心目中地位就會逐漸上升，他也就不需要經常辛苦鞭策督促我們了。

所以，我們要學會立即行動。養成這樣的做事習慣還可以使我們在準備工作中消滅一些看似可怕的困難和阻礙，讓我們更快摘取成功的桂冠。

一位農夫剛剛在山上購置了一塊新農田。可是他發現農田中央有一塊大石頭。

「怎麼不把它挖出來呢？」農夫對賣主說道。

「哦，它太大了，實在是很難挖出來。」賣主為難的回答道。

農夫聽後並沒說話，而是找來了一根鐵鏟子，他撬了撬石頭的一端，結果發現原來這塊石頭的厚度還不到三十公分。看來挖出它並沒有那麼困難，於是，他立刻行動起來了。一會兒的工夫，農夫就將石頭搬離了田地。

可能當我們剛開始按照「立即行動」的標準來做事的時候，會覺得不是那麼的容易，因為這樣難免會出現失誤。可是最終我們就會明白，「立即行動」的工作態度會成為我們人生價值中不可分割的組成部分。倘若我們養成了「立即行動」的工作習慣，就掌握了人生進取的祕訣。

不要把希望全部寄託在明天

英國著名的哲學家約翰·洛克說：「拋棄今天的人，不會有明天；而昨天，不過是行去流水。所以，對待人生，重在當前，而不是明天。」

「明天」總是既充滿了希望，也充滿了夢想；「明天」總是一個令人期待的好日子，我們往往覺得明天觸手可及，卻又覺得它總是遙遙無期！

生活中總是有一些人把自己的人生希望全部寄託到明天，也有一些人總是把今天該完成的事情延遲到明天。這些人對明天賦予了太多太多的希望，可是他們的做法只能讓自己一無所獲。

有的人總是貪圖今天一時的享受，便把今天的事情都留給明天，他們總是說「不急，不還有明天嗎？」可是，這往往會形成惡性循環，再過幾個小時，明天依然會變成他們的今天，他們卻依然是貪圖享受的態度，把該辦的事一拖再拖。

時間拖不起！明天等不起！要想成功就要付出，還要不斷的付出，即使今天數分耕耘能換得明天的一分收穫，那也是值得的。

有這樣一則寓言故事：

地獄的人口急劇減少，閻羅王看到這樣的情況後心裡很不快，因為自己的子民少了，權力就顯得有點小了。於是他趕緊召集群鬼開會，打算讓大家各抒己見，看採用什麼方法能誘人下地獄。

牛頭說：「我們應該告訴人類，拋棄他們的良心，因為世間根本就沒有什麼天堂。」

閻羅王思考了一會兒，沒有同意。因為在他看來，就算世間沒有天堂，還是有很多人根本就不會拋棄自己的良心。

馬面說：「我們應該告訴人類，學會為所欲為，因為世間根本就沒有什麼地獄。」

閻羅王依然沒有同意他的意見。即使沒有地獄，還是有很多人依然不會為所欲為。

就在這個時候，突然有一個小鬼提出了一個全新的看法，他說：「我們應該告訴人類，還有明天！」

閻羅王一聽拍案叫絕，便馬上採用了這位小鬼的妙法。

這個寓言我們不難理解，讓一個人變得墮落的根源，可能並不是良心的淪喪和為所欲為，而是把一切都寄託在明天，把事事都拖延到明天的惡習。在這種惡習的伴隨下，人們的境遇就會直線下降，感到越來越失望。

所以，要想讓自己過得幸福其實並不難，只要能好好把握當下，把今天該做的事在今天全部做完，絕不可拖到明天，把現在該做的事，現在就做完，絕不可拖到後面。這才是掌握自己命運的法寶。

找個時間，好好想想我們的未來，想想還有多少事情需要我們去完成？所以，我們應該在今天努力付出，而不是等到明天才來痛苦傷悲。

對於曾經幫助過我們的人和我們生命中的貴人，還有和我們一起並肩作戰的夥伴，他們的信任和幫助我們難道可以忘記嗎？我們不要再對他們說：「我們的明天一定會令人嚮往，一定會無比輝煌！」而要告訴他們：「要想取得明天的輝煌，就離不開今天承受龐大的壓力，付出艱辛的努力，接受極大的挑戰！今天的艱苦奮鬥，才能迎來明天的碩果累累！」

對於那些曾經打擊過我們和嘲笑過我們的人，其實我們應該感謝他們！正是有了這些人，才讓我們知道什麼是差距，才讓我們知道怎樣才能更堅強，我們不需要跟他們吹噓我們的明天會有多麼多麼好，而要用自己今天的一步一個腳印的打拚來擊碎他們對待我們的態度。讓他們明白，我們不是只空有夢想而沒有實際行動的人。

所以，對於人生，對於事業我們要永遠記住：不要拖延，不要總是把自己的一切都寄託給明天。要讓明天的自己享受成功，就要在今天付出行動。

百分之八十的收益來自百分之二十的思考付出

高效的思考能換來高效的收益，思考是人生的必備功課，要學會讓路給思考。

思維控制了一個人的思想和行動，也決定了一個人的視野、事業和成就。擁有不同的思維，就會產生不同的觀念和態度，而在不同的觀念和態度的驅使下，人就會做出各式各樣的行動，這樣必然就會產生出各式各樣的結果。所以，高回報來自於好思考。

生活中，人們的付出與得到的回報往往是不平衡的。有時候付出了很多，得到的回報卻微乎其微；有時候並沒有多大的付出卻能得到令人意想不到的高額回報。研究發現：回報和投入之間有一個「八十比二十」的關係，也就是說回報的百分之八十取決於你百分之二十的投入或努力，我們可以稱之為「二八定律」。

在我們的周圍，經常會有這樣的事。一些人每天看起來忙得焦頭爛額，可是總是沒有什麼顯著的成績；而也有一些人他們看起來好像並沒有很多事要做，但人家的工作生活卻一直是井井有條，過得有滋有味。同樣是一天的時間，人和人之間的效率和品質怎麼就不同了呢？

其實原因很簡單，那些看似忙碌的人事先並沒有做很好的思考，沒有一個良好的規劃，辦事總是貪求數量，總想在短時間裡多完成幾件事。他們只顧追求效率，而忽視了事情的輕重緩急，最後不但沒有按時完成要做的事情，反而還降低了自己的辦事效率和品質，造成本末倒置，一事無成。所以，我們做事的時候，一定要經過認真的思考，弄清什麼事是最重要的，考慮好自己的行動步驟再執行。要用你百分之二十的思考換取最大的回報。

古時候，有個縣令，他幾乎事必躬親，每天都要處理很多公事。長期繁重的工作使他感覺身心疲憊，心情煩躁，整天發脾氣。他的家人和滿朝的文武大臣看見這種情況，都心急如焚，以為他生大病了呢。

後來，他外出打獵時，看見山裡有座寺院。於是就打算去請教一下寺院的禪師。當他說明了來意後，禪師給了他一個建議：「您作為縣令，沒有必要事必躬親，您應該把自己身上的擔子卸掉一些，讓部屬們去做。那些必須您去做的事，您可以在今天把明天必須要做的最重要的工作記下來，按重要程度編上號碼，最重要的排在首位，依此類推。早上一上朝，就開始從第一項工作做起，一直做到完成為止，然後用同樣的方法對待第二項工作，第三項工作……即使你用一整天的時間完成了第一項工作也沒關係，只要它是最重要的工作，就堅持做下去，每一天都要這樣做，在您對這種方法的價值深信不疑之後，可以讓您的下屬們也這樣做。」

幾年過去了，縣令的工作有了很大的起色，他勵精圖治，全縣的治安穩定，百姓過上了好生活。

這就是思考的力量。合理的思考，恰當的安排能起到事半功倍的作用。這位縣令正是有了這套法寶，才讓自己的工作如魚得水。

諾貝爾基金會成立於西元一八九六年，成立初期，諾貝爾捐獻九百八十萬美元作為營運資本。而諾貝爾獎的各個獎項的金額都高達近一百萬美元，諾貝爾基金會每年發布五個獎項，因此每年須支付高達五百多萬美元的獎金。如此高額的支出，諾貝爾基金會要如何承擔得起呢？

其實，諾貝爾基金會可以進行投資，只不過是投資範圍比較小，只能用於安全可靠、收益穩定的投資，比如銀行存款和公債。這種安全至上的投資原則雖然很穩健，可以避免基金的損失，可是諾貝爾基金會依然難以避免嚴重的資產流失，到一九五三年時只剩下了三百多萬美元。

於是，諾貝爾基金會的理事們便想辦法解決這種困境。他們找到了當時著名的麥肯錫諮詢公司。麥肯錫公司的專家對諾貝爾基金會做了充分調查研究後，他們提出了一個觀點：「提高投資的報酬率可以使基金會起死回生。」

在這一個建議的指導下，諾貝爾基金會在一九五三年做出了大刀闊斧的改革。修改基金會的章程，將資金投資到股票和房地產領域。這一改革，為諾貝爾基金帶來了福音，一舉扭轉了整個諾貝爾基金的命運。在接下來的幾年裡，巨額獎金照發，基金會照常運轉。到了一九九三年，諾貝爾基金會不但挽回了過去的巨額虧損，而且總資產也高漲到兩億七千萬美元。

我們想想，在六十多年前諾貝爾基金會如果不做出改革，那麼今天肯定早已因發不出任何獎金而被迫關閉了。

諾貝爾基金會成長的歷史，再次證明了二八定律的投資測略：取消不賺錢的投資，把錢投資在能賺錢的關鍵領域，從而使自己的投資收到最大的回報。

所以說要學會分清主次，捨輕就重。如果一個人在生活和工作中分不清輕重緩急，做事沒有計畫，這樣就會錯過大好機會，甚至讓我們的努力全部「歸零」。對於成功人士來說，不論他們的處境多麼複雜，他們都會選擇先停下來認真思考一番，做個周密的計畫：先把那些最重要、最緊急的事情做完，然後再做那些不重要、不緊急的事情，對那些沒有意義的事情則採取放棄態度。這樣一來，既節省了時間，又提高了辦事的效率。

現在就行動，不為自己找藉口

現在才是最最重要的，做事就要從現在開始，不要顧慮，不要猶豫。否則，一生將總是平平庸庸，毫無成績可言。

總有些人在做事的時候喜歡給自己找藉口，他們總是不願意從現在開始就行動。一切的一切，都將在這些藉口中成為悲劇。要想不讓自己的生活充滿悲劇，就應該現在就行動，而不是給自己找各式各樣的藉口來拖延。

工作和生活需要的不是各種藉口和拖延，而需要的是現在就行動的實做精神。倘若我們找來各種藉口，什麼「事情不好辦，沒時間，太花錢等」，對自己又能有什麼好處呢？長此以往，自己只能是平平庸庸的生活，做不出驚人的成績，拿不出鍛鍊過的本領。生活中有一些人總是沒有信心去許下承諾，卻把大量的心思用在了如何尋找藉口上。當我們發現自己經常因為沒做自己應該做的事而製造藉口，或是為了自己沒能按時完成計畫而辯解，那就真的需要好好反思一下自己了。

我們要懂得把握現在的時間，從現在做起。只有那些勇敢面對現在，不為自己找藉口的人，才能發揮出自己的實力，才會過得有價值。所以，只要我們勇於做下去就是好事，而在做的過程中，我們會不斷進步，心態也會越來越成熟。不用多久，我們的工作就可以順利完成。

富蘭克林曾經說：「把握今日等於擁有兩倍的明日。」可是我們的生活中有大部分人不能很好的遇事做到儘早行動，總給自己尋找延遲的藉口，所以這些人就很難成事。要有成就，就要抱著必須把握現在，把握好當前，不能有一點懶惰的想法，立刻去努力才行。

有的人在開始工作的時候，可能會表現出情緒不高的狀態，要是能把自己的這種不好的心情調節一下，那麼就會有所好轉。情緒好了，做工作也就沒有什麼憂慮了，於是就能專心、高效的完成任務了。對我們來說，不要小看一天或者一個小時的時光，倘若認真利用起來，這一天或這一小時就能做很多的事情。珍惜時間，不找藉口拖延，這才是真正積極主動的工作態度。

有的人在做事的時候，總覺得自己做的比其他任何人都好，所以他們就不授權給別人，事事都要自己來做。因為自己有高度的優越感，所以對別人的建議也常當耳旁風，不向別人尋求一絲的協助。這類人做事，會無限的將自己完成工作的時間進行延長，他們覺得用的時間多了會讓事情更完美，卻總是忽視別人的需求。在他們眼裡，即使自己什麼事都沒做，也要比別人優越。這就是為自己的不行動找藉口，這樣的人對任何企業來說，都是不受歡迎的。

對每個人來說，工作和生活中需要去做的事情都是很多的，我們可以從碰見的任何事情開始著手，培養自己立即行動的習慣。即使是一件很小的事，我們也應該立即就做。這樣是為了能讓自己做一個突破，擺脫找藉口的毛病。

現在就行動才是我們所追求的。現在就行動是第一生產力，是提高我們工作效率的法寶和利器。所以，當我們對自己的要求有所放鬆，當我們想為自己的拖延找藉口的時候，就應該用這些話語來提醒自己不要犯下拖延的錯誤。

想嘗試一下成功的喜悅嗎？那就請從現在開始就行動吧，不要再為自己找藉口拖延了。

想做就做，不要拖延

拖延讓我們的惰性越來越強，拖延讓我們的藉口越來越多，拖延讓我們成就越來越少。總之，拖延就是潘朵拉的魔法盒，一旦打開，就會把我們推向無底深淵。

生活中，我們常常對自己許下各式各樣的願望：等我買樂透中了大獎我就去環遊世界；等我買了房子有了自己的書房，我就每週看完一本書；等我頭髮再長一點，就換個漂亮的髮型，去告訴隔壁班那個男生我喜歡他；等春天來了我就去另一座城市看老朋友……其實很多事情我們都想做，可是都沒做，我們總是在等待最恰當的時刻。

其實，環遊世界的計畫並不需要發了大財才能實施；沒有書房一樣可以看很多書；隔壁班的男生不會只是因為你的髮型改變而接受或拒絕你；看老朋友和季節也並沒有什麼關係。說到底，我們想做而不去做，不是因為我們懶惰，而是我們缺乏勇氣，所以我們總是拖延。

拖延的表現形式多種多樣，其輕重程度也有所不同。比如：瑣事纏身，無法將精力集中到工作上，只有被別人逼著才能向前走；反覆修改計畫，有著極端的完美主義傾向；做事拖拖拉拉，以致問題久拖不決；情緒低落，對任何工作都沒有興趣，也沒有什麼人生的憧憬。

對每一個渴望有所成就的人來說，拖延是最具破壞性的，它是一種最危險的惡習，它使人喪失進取心。遇事一旦開始推拖，就很容易再次拖延，直到變成一種根深蒂固的習慣。這種不良習慣一旦養成，對於個人的發展就會有很大的影響。

一個公司很有可能因為短暫的拖延而損失慘重，這並非危言聳聽。

一九八九年三月二十四日，埃克森公司的一艘巨型油輪在阿拉斯加觸礁，原油大量洩漏，使生態環境遭受了巨大破壞，但埃克森公司卻遲遲沒有做出外界期待的反應，以致在社會上引發了一場「反埃克森運動」，甚至驚動了當時的布希總統。最後，埃克森公司的總損失高達幾億美元，公司的形象受到了嚴重損害。

無論是公司還是個人，沒有在關鍵時刻及時做出決定或行動，而讓事情拖延下去，都會為自身帶來嚴重的傷害。有的人在生活中總是說「唉，這件事很煩人，還有其他的事情等著做，先做其他的事情吧。」這樣的人總是奢望隨著時間的流逝，難題會自動消失，或有另外的人去解決它，要知道，這不過是自欺欺人而已。

拖延並不能使問題消失，也不能使要解決的問題變得容易起來，而只會讓問題加深，對工作造成嚴重的危害。我們沒有解決的問題會由小到大、由簡單到複雜，像滾雪球那樣越滾越大，最後我們要解決的問題也會越來越難。而且，沒有任何人會為我們承擔拖延的損失。這樣，拖延的後果可想而知。

社會學家庫爾特·勒溫曾經提出一個概念叫「力量分析」。在這個概念中，他描述了兩種力量：阻力和動力。他說，有些人一生都踩著剎車前進，比如被拖延、害怕和消極的想法捆住手腳；有的人則是一路踩著油門呼嘯前進，比如始終保持積極、合理和自信的心態。這一分析只有普遍意義。如果你希望你的人生得到改變，你得把腳從剎車踏板上，即從拖延上挪開。

比爾蓋茲曾說過：「過去，只有適者能夠生存；今天，只有最快處理完事務的人能夠生存。」只有效率高的人才能夠擠出時間來完成更多的事，這也是帕金森定理所提出的內容之一。帕金森定理認為，低效率的工作會占滿所有的時間。一位閒來無事的老太太為了寄一張明信片給遠方的外甥女，可以足足花費半天的工夫：找明信片要一個小時，查地址要半個小時，寫信用了一個小時，然後，送往鄰街的郵筒去投寄，究竟要不要帶雨傘出門，這一考慮又花了二十分鐘。一個效率高的人在三分鐘內可以辦完的事，另一個人卻要操勞整整一天，最後還免不了被折磨得疲憊不堪。

人最容易也經常拖延那些需要長時間才能顯現出結果的事情。因此，不論事情大小，都不要放任自己無限期的去拖延，想到就要做到。一位勤奮的藝術家為了不讓任何一個想法溜掉，在他產生新的靈感時，他會立即把它記錄下來——即使是在深夜，他也會這樣做。他的這個習慣十分自然，毫不費力。如果你害怕會拖延，可以事先擬訂一個完成工作任務的期限，給自己加壓，並讓身邊的人都知道你的期限，讓他們監督你如期完成。

想做就做，不要拖延！這句話是最驚人的自動啟動開關。任何時刻，當你感到拖延的惡習正悄悄向你靠近，或當此惡習已迅速纏上你，使你動彈不得時，你都需要用這句話來提醒自己。

人生苦短，不要把想做的事情都拖延到明天，在今天的太陽下山之前，我們就應該把該做的全部做好。不要等到萬事俱備的時候才著手做想做的事。人生永遠都在不停的變動，既然萬事俱備的時刻無法到來，那就讓我們立即開始吧！

為自己做本時間帳

朋友，如果你不知道自己的時間都用在那裡了，不妨記錄一下自己都在什麼時間做了什麼事，做個時間帳，一目了然的將自己所做的事展現在眼前。時間帳就是我們了解自己時間安排是否合理的視窗。

勞倫斯是美國一位著名的經濟學家，他曾擔任過柯林頓總統的首席經濟顧問，也曾在世界銀行擔任首席經濟學家，而且還被哈佛大學聘請為經濟學教授。

在哈佛大學工作的時候，他曾一度發現自己的學生中有一些讀書效率很低。經常不能按時完成任務。所以，勞倫斯便替這些學生安排了一項任務：讓他們開始為自己每日的工作做紀錄。他要求學生如實記錄自己用在做作業上的時間，把自己吃飯、休息以及在讀書過程中發生的打斷讀書的事情所占用的時間都扣除掉。勞倫斯的目的是想讓學生明白，工作時間的每一分、每一秒都是有價值的。

過了一段時間後，這些日誌發揮了作用。學生從日誌中驚訝的發現，他們真正用在作業上的時間竟然比想像的還要少。這讓他們大為震驚，也才真正意識到自己以前浪費了相當多的時間。這些時間帳讓學生對於時間分配有了清楚的認知，從此以後，學生逐漸改變自己不按時完成作業的壞習慣了。

對於善於利用時間的人來說，為自己做時間帳可能沒有太多的意義，可是對於自己的時間分配感到困惑的人來說，往往能起到不小的作用。很多大型企業都非常重視工作日誌，他們把工作日誌看作是管理的一個部分。在生活中，有許多優秀的律師與會計師都會在自己的工作時間裡，把工作日誌擺放在面前。這是個很好的習慣。

當然，記錄工作日誌這樣的方法並不適用於所有的人。的確有的人工作很忙，他們根本沒有時間來進行這樣的記錄工作；也有的人有自己的一套實用的工作方法，也沒有必要採用這麼麻煩的方式。就連勞倫斯也說其實自己只是偶爾會採用記錄工作日誌的方式，以記下自己在當前一段時間內所做的事和參加的各種活動，透過這個記錄來審視自己和反思自己的工作和生活。

而在我們還沒有找到一個更適合自己的有效方法之前，採用記錄工作日誌的方式讓自己合理利用時間，這還是非常可取的。我們可以做個嘗試，可以在每星期、每個月，或每隔一段時間來對自己的工作做個記錄，要保證自己所記錄的時間和事件真實準確。然後我們看看自己記錄的工作日誌，就會明白自己的時間分配是否合理了——自己究竟在工作和學習上花了多少時間。這就形成了一個了解自己的窗口，藉此督促和提醒我們應該合理分配自己的時間。當然工作日誌一定要保持真實性，如果做不到這一點，那就沒有記錄工作日誌的必要了。

要是一個人沒有利用好自己的時間或者根本就不重視時間的利用，他最終就會為自己的生活種下苦果，並吃盡苦頭。而事實上，其實人們也都已經意識到了時間的重要性，各種珍惜時間的格言警句不勝枚舉，比如「時間就是金錢」、「時間就是生命」等等。可是人們卻忽視了一個重要的問題——把握現在，這是珍惜時間的關鍵之所在，把當前的時間用好，才不會讓珍惜時間成為一句空談。

那些認為自己的時間很充足，把要做的事情放到明天再做，或者總是抱怨自己的時間不夠用的人都應該對自己的時間觀念做個新的審視，同時也應該為自己做一本工作或學習日誌，進行如實記錄，從而就可以看出自己有究竟有多少時間用在了工作和學習上，有多少時間沒有利用好而白白被浪費了。

你還在為自己的時間都浪費在什麼地方而覺得煩惱嗎？你還在為自己沒有合理安排時間而感到苦惱嗎？那就請你做個工作或者學習的日誌吧，有了它，你會清楚的知道自己的時間都用在哪裡了，有了它，你在接下來的工作和學習中就能有針對性的調整和用好自己的時間了。還在猶豫什麼呢？不妨現在就試試看吧。

嚴格奉行今日事今日畢原則

你能做到嚴格要求自己嗎？你能做到當日事當日畢嗎？如果能做到，你就為自己尋找到了走遍天下都不怕的「屠龍寶刀」，如果做不到，就請從現在開始，培養這樣的意識。

「明日復明日，明日何其多。我生待明日，萬事成蹉跎。世人若被明日累，春去秋來老將至。朝看水東流，暮看日西墜。百年明日能幾何，請君聽我明日歌。」

這首〈明日歌〉大多數人都聽過。可是要弄明白其中的涵義而且能夠身體力行的人並不多。生活中，我們經常聽到有人說「從明天開始，我要計劃怎麼做」其實這樣的說法可信度並不高。我們不要總是把事情都往後推。要把握好生命中的每一天，所以，什麼事情無論開始還是結束，都一定要記住是今天需要做的，就一定要在今天完成。

惰性在每個人身上都是存在的。有的人總是控制不住自己，讓惰性主宰了自己。所以他們在生活中總是喜歡為自己開綠燈，該做的事情在規定的時間沒有做完，往後推推也無妨。抱著這樣的態度，對待生活和工作怎麼能取得好的成績呢？要是人人都這樣，社會還怎麼發展。看看那些成功的人，他們對自己要求多嚴格，總是今日事今日畢。

今日事今日畢是一種積極向上的生活態度。古人云：「一寸光陰一寸金，寸金難買寸光陰」，這在我們現代人看來，依然具有很重要的現實意義，值得我們去思考。可是能有多少人真真思考過，當日子一天天的消逝時，我們到底做了些什麼？又有多少人能把握時間的特質，在不長的歲月中找到生命的意義呢？昨日已經成為過去，明日還沒到來，所以對我們來說，充分將今天的時間利用好，分配好，才能用無數個今天贏得豐盈的人生。

一個人的精力往往是有限的。可是人的精力能在成功之中因為受到鼓舞而增加，但它也會在一味的拖延後而衰竭。如果一個人要提高自己對時間的利用率，那就應該採用小的時間單位，這樣做才有緊迫感，才能將自己的效率提高。比如用分計算時間的人的工作效率就可能比用小時計算時間的人高出不少。所以，我們在日常生活中處理事情的時候可以給自己一個時間範圍，什麼時候開始，什麼時候結束，要是能用半小時完成的，絕不花到一個小時。

有一個叫田亮的年輕人很想知道怎麼樣才能獲得成功，後來他聽說就在自己所生活的這個地方有個很有智慧的老人。這位年輕人想去外面的世界闖闖。在出發前，他找了個時間專程去拜訪那位有智慧的老人。

找到了有智慧的老人之後，田亮便把自己渴望能早點成功的想法告訴了老人。希望老人能為他指點迷津。老人笑著說：「年輕人，你要始終記住，只有今天是你人生中最美好的一天。因為昨天和明天都是你已經無法再去控制的了，所以只有抓住了今天才是最聰明的做法，做人做事，永遠都不要把今天該做的事情拖到明天。」而老人的這些話田亮雖然記下了，可是也有點似懂非懂。後來他在外面的社會闖蕩了幾年後，他終於逐漸明白了老人的意思。在接下來的幾年裡，他按照老人的建議嚴格執行今日事今日畢的做事原則。皇天不負苦心人，他終於迎來了自己走向成功的那一天，成為一家大型公司的執行總經理。

這個時候，他又想到了當年的那個老人，於是他回到了自己的故鄉，打算好好感謝一下老人，可是當他找到老人的家裡時，才知道老人已經在幾年前去世了。後來田亮便找到了老人的墓地，在那裡對老人深深鞠了一躬。

今日事今日畢，說起來並不是一件難事，可是要真正能嚴格去執行的人卻沒有多少。因為我們在做事的過程中總遇到一些難以想像的干擾因素。所以，我們要抵得住外在的誘惑，要對自己所追求的目標始終如一，滿腔熱情，充滿動力，長此以往，今日事今日畢的做事習慣就能光顧於我們。

一位偉人曾經說過這樣的一句話：「播種一個計畫，收獲一個習慣；播種一個習慣，收獲一個思想；播種一個思想，收獲一個行為；播種一個行為，收獲一個成功。」所以，我們應該把今日事今日畢的原則牢記於心，讓它融入我們的思維當中，時時刻刻指導我們行動，這樣一來，我們的收穫就會越來越多，離成功也越來越近。

一切不奉行今日事今日畢的行動，只能讓自己實現目標的時間無限往後推。這是每個人都不願意看到的。所以，我們要在自己的心理上形成今日事今日畢的意識，做事的時候，拿出自己的堅強和毅力，克服一切有礙於任務的因素，切切實實將自己的計畫在要求的時間內完成。

第六章 合理用時：把時間用在有價值的地方

捨棄棉花，挑起黃金

從投資的角度來看，棉花與黃金的價值可謂是天壤之別。但如果從時間管理的視角來分析，棉花和黃金分別代表了兩種工作，前者是投入低、報酬低的工作，而後者則代表高投資、高收益的工作。在工作中，很多人都會選擇棉花而放棄黃金，這是一種背離常規的做法。恰恰我們應該挑起黃金，而捨棄棉花才對。

當棉花與黃金同時出現在眼前的時候，即便意識到黃金的價值所在，可是在實施「拾」的這個過程中，很多人卻奇怪的選擇了棉花，這是為什麼呢？

答案很簡單，拾起棉花相對輕鬆，可以說不費吹灰之力便可完成，相當有成就感。而拾起黃金這個動作，會花費更大的力氣，所以耗費時間會很長，雖然嚮往黃金，卻抵禦不了棉花的輕鬆生活。

一個沿海小鎮上的所有村民都靠打漁為生，他們日出而作、日落而息。為了調劑生活，小鎮每年都會舉行釣魚比賽。今年比賽的冠軍又是張先生，張先生已經連續三年奪得冠軍寶座了。不只如此，每年比賽，大家魚簍裡的魚都是又瘦又小的，只有張先生魚簍裡的魚，必定是又大又肥。

張先生為什麼總能釣到那些又肥又大的魚呢？這是每年比賽之後，每家每戶都會議論的談資，他們都想向張先生取經。今年比賽過後，全鎮的村民把張先生圍住，非得問出個究竟，只聽有人喊道：「張先生啊，你釣魚那麼厲害，是怎麼做到的啊？」

聽到這個問題，張先生憨憨的笑笑，回答：「不知道誰說過這樣一句話『放棄與三十條五十公斤的魚合影，而應該去選擇與一條一千五百公斤重的魚合影』，在釣魚的時候我只有一個訣竅，就是選擇大目標，尋找大魚，這樣我的魚才又大又肥。」

張先生說完，村民們都紛紛表示：「尋找又大又肥的魚，就這麼簡單？」

張先生說：「是啊！你們釣魚的技藝都很好，但是不會選擇目標，僅此而已。」

在做事的時候，我們常常不會選擇目標，總是在棉花和黃金中躊躇。案例中的張先生給了我們一個很好的方向，無論做什麼事情，選擇目標有著非常重要的作用。「棉花」和「黃金」代表的是兩種概念，前者代表效率，而後者代表效益。

讀到這裡，你肯定會產生疑問，這「效率」和「效益」不是一回事嗎？在這裡我要告訴你，雖然兩者只有一字之差，但是卻有它們之間著天壤之別。

效率代表的是量，凡事我完成了即是效率；效益除了量，更包括了質和價值。回到案例中，村民們釣魚只是追求效率，能多釣一條是一條，多多益善。而張先生則在創造效率的基礎上追求質的飛躍，選擇大魚正是一種追求價值的展現。

在做事的時候，你是在追求效率還是效益呢？如果單純的追求效率，你不僅不會在自己的工作職位上有所建樹，長此以往更有被工作牽著鼻子走的可能。

我們前段幫助大家總結過了，棉花是那些投入低、報酬少的工作，而黃金是高投資、高收益的工作。那麼在工作中，我們應該怎樣處理「棉花」與「黃金」呢？

很多「棉花」是那些根本沒有實施必要的工作，大多是一些不得不做的瑣碎工作，在處理這種工作的時候，我們可以採取一些措施來避免拖慢自己的效率，最有效的三個方法就是將其簡化、不置可否、選擇放棄，這三種方法都是節省時間的良策，更是創造高效的三大利器。

「黃金性事務」是價值與效益的展現，所以在從事這種事務的時候，我們可以試著採取集中精力、分散目標、放寬期限等方法。不要誤以為「集中精力」和「分散目標」是相矛盾的，前者強調的是對目標的高度集中，而後者則是將大目標逐一分解為小目標的方式來完成黃金性事務。

當然挑起黃金的過程是需要遵循一定步驟的，我們應該怎麼樣挑起黃金呢？那就要從目標出發，做到以下兩步：一是確定目標、二是執行目標。

相信在求學階段，你一定會設立目標。但工作也需要目標，沒有目標怎麼能工作呢？你所確定的工作目標必須實際，切忌去選擇那些在實施起來會困難重重的目標，這是一種對工作、也是對自己極度不負責任的表現。這就要求我們在制定目標的時候要結合兩大要素：目標值和現有資源，前者是工作完成的指標，後者是幫助目標完成的有利保障。

執行目標需要我們有強烈的執行力，周詳的工作計畫、充分的工作準備、充足的工作時間，四項缺一不可。此外還要有自制力，這是保證工作不會被拖延的一大法寶。

在工作中我們必須停止拾「棉花」的行為，而真正去做那些黃金性事務，永遠記住：那些黃金性事務才會助你獲得高效益。

先做最有把握的事情

先從最容易、最有把握的事情做起，這是一個提高工作效率的重要方法。

先做最有把握的事情，就好像是果農在摘果子的時候，先摘好的果子。這並不意味著投機取巧，避重就輕。

而先做最有把握的事情，這是一個循序漸進的過程，由易到難做事，自己的心裡對這個過程就會變得越來越熟悉，所以在困難越來越大的時候，我們也能夠沉著應付，而不失方寸。並且在我們摘取了一定數量的好果子之後，內心自然也就會建立起一種自信，「我一定可以實現目標」，這樣就能夠讓我們在以後的工作當中，能夠扛得起相當的重任。

如果一上來就開始做最困難的事情，將會很容易遭受失敗。例如，把一項重要的任務交給剛剛進入一家公司的新手，他可能會無法一下子就把問題做好。只有在他累積了豐富的經驗之後，才能夠順利完成任務。

而每一個剛從事某一領域工作的新人，都是先從身邊的小事做起的。在之後的工作過程中，他們也是從最容易能夠入手的地方開始，這不僅只是一個條理清晰的過程，還能累積信心。

我們都知道，很多舉重運動健將在練習舉重之初，一般都是先從他們舉得動的重量開始，經過一段時間之後，才慢慢增加重量。

優秀的拳擊經理人，都是為自己的拳師先安排較容易對付的對手，在其累積了一定的實戰經驗之後，才逐漸使自己的拳師和較強的對手交鋒。

先做好最有把握的事情，這一原則可以應用到任何一個地方，無論做什麼工作，只要我們先從一個容易成功的專案開始，再逐漸推展到較為困難的工作，往往會比一開始就是從事高難度的工作成功的機率要高上許多。

即使你現在在某一領域已經培養出高度的技巧，稍微抑制一下自己貪功冒進的欲望，先做最有把握的事情有時也是非常有用的。

你應該把自己的目光稍微放低一點，以一種輕鬆的心情去把最有把握的事情做好，這樣就能夠增強你的信心。

有位博士曾經說：「從一個容易成功的對象開始，成功就顯得容易了。」

曾經有一次，李剛為股票經紀人劉鈞的經紀公司提供諮詢服務，當李剛對銷售資料進行分析後，他得出了一系列的結論，接下來李剛覺得應該將自己的這些發現和該公司後勤部門的高級主管進行一番溝通。於是，李剛便安排了一個有後勤部門和企業其他部門（如銷售、交易、研究等）上層參加的會議。

由於李剛已經分析過之前的資料，他知道了該公司日常管理中所存在的一些問題，主要是時間管理方面存在問題，沒有將時間利用好，導致公司運行的低效。所以李剛便直截了當的提出了他的發現。他的意見就像重錘一樣，給了這些非常有經驗的經紀人當頭棒喝。最後，李剛幫助該公司建立了一套完善的時間規劃，讓該公司逐漸走上了高效的快車道。

李剛的這個說明會其實產生了兩個效果。第一，它使那些當初對李剛的出現不以為然的主管們確信，他們的時間管理是有問題的，而李剛則可以幫助他們解決。

第二，由於李剛提出了自己的發現，那些主管們對李剛的意見的態度也是急劇改變，這使得李剛下一步的工作容易了許多。

在會議之前，李剛有點像覬覦劉鈞企業的不通世事的工商管理碩士。會議之後，李剛成為了幫助劉鈞解決問題的人。

就這樣，透過先做最有把握的事，李剛獲得了客戶的信任和支援，使得客戶更有熱情了，也讓自己的工作變得更容易了，也使得自己變得更加快樂了。

別陷入細節的泥潭

注意細節是很有必要的，因為細節決定成敗，但是我們也不能過分看重細節。如果過分重視細節，那麼就會墜入細節的泥潭，讓你寸步難移，無法前進，阻礙你與高績效的約會。

在工作當中，很多時候正是因為我們過度關注細節，為了細節而迷失了方向，結果徒勞無功。

曾經有一位商人，他擁有大片的田產和幾家店鋪。於是他派男僕去種田，派女僕去做飯，讓雞報時，狗看守家，牛負重物，馬走遠路。這樣一來，大家每個人都可以各司其職了，每件事情都能夠做得很好，主人當然也覺得很滿意，日子過得富足清閒。

可是有一天，富人突然想自己去做所有的瑣碎小事，他想代替男僕種田，代替女僕做飯……結果到頭來不僅累的要死，而且一件事也沒辦成。

難道是富人的才智不如奴婢、雞狗嗎？顯然不是，是因為他過於注重細節了。富人擅長的是經營生意跟管理人力，那些日常事務應該由擅長它們的人去做。

我們以管理者為例，假如你現在是一個管理者，就不應該由於關心細節而忽視了那些重要的，甚至是關係到全局的事情，對一些事情進行全面了解雖然是應該的，但是也不能什麼事都由自己去解決。

荷莉由於辦事認真，總能夠把工作做得井井有條，結果很快就被老闆提升為部門主管。榮升部門主管的荷莉做工作變得更加細心了。

每當下屬交上來的文稿原稿，她總是會重新做一遍。即使是一些平常的小事，她也要自己做才放心。正是這樣，她每天都覺得自己非常辛苦，特別勞累，但工作卻又沒有多大的起色。通常是她做好了一件，別的又兼顧不了，於是就在無法兼顧的情況下，總是「撿了芝麻，丟了西瓜」。荷莉自然是非常苦惱，但是又不知道該怎麼辦才好，也不知道怎麼樣才能夠走出這種困境？

法國著名的管理學家亨利·法約爾曾經告誡那些身居高位的領導：「領導人不要在細節上耗費過多的精力，對於具體的細節問題，應該放手讓下屬去做。領導人要是想包攬全部工作的話，不但不能夠處理好，而且還會耽誤到一些重大問題的解決。」

由此可見，過度注重細節，不僅於事無益，甚至會影響到重要事情的處理。過度關注細節，就會像荷莉一樣成為細節的奴隸，也等於是制約了自身的進一步提高。

我們只有擺脫細節的禁錮，才能夠成為工作的「自由人」，也才能夠更好的發揮自己的潛力，把工作做得更完美。

而作為管理者，更應該多去關心策略層面的重大問題的解決，把那些細節問題留給下屬去解決。管理者必須要懂得授權。把工作當中的一些細節問題交給下屬去做，這樣不僅能夠調動下屬的積極性，提高工作效率；而且對於管理者本身來說，也可以有更多的時間去進行思考和學習更新的知識，全方位提高自身水準和管理水準。

一味沉醉於細節中，不能自拔，那麼就會讓你在細節的泥潭中越陷越深，與那些重要的機遇失之交臂。

因此，不要讓眼睛僅僅是盯著細節不放，值得你注意的還有很多。像是策略性這樣的大事情。讓我們從細節的困擾當中解脫出來吧，把看法和重點轉移一下，讓自己有一個新的、輕鬆一點的看法。只有這樣，你的執行力才會得到提高。

切忌什麼事都做，但都只做一點

成語「淺嘗輒止」的意思是稍微嘗試一點便停下腳步，比喻不下工夫深入研究。這與時下很多人的心理完全契合，我們身邊的很多人都希望成為生活、工作中的多面手，他們總是什麼都涉及一點，但是鮮少有深入研究的。在這種理念的引領下行事，結果往往與初衷背道而馳，在與時間交手的時候，請一定要記住：「什麼事都做，只能接觸到皮毛，最終毫無成就可言。」

我們可以在開車的時候打電話，看電視的時候剪指甲，也可以在開會的時候思考午休吃什麼，回覆郵件的時候順便討論辦公室趣聞……生活中工作中的「一心多用」的例子比比皆是，貌似並沒有影響我們什麼，但是心理學教授卻表示：「如果我們同一時間段內做好幾件事，會令我們產生心煩意亂的情緒，因為在一心多用之下，我們很難集中注意力，這樣會造成壓力的產生。」

我們都聽說過小貓釣魚的故事：

一天貓媽媽帶著小貓到河邊去釣魚，看著調皮的兒子在前面走，貓媽媽叫住小貓語重心長的說道：「兒子啊，我們今天一定要努力釣魚才會有晚餐，你知道嗎？」

「我知道啦！媽媽，可是要怎麼努力啊？」小貓反問貓媽媽。

貓媽媽瞇起眼睛笑著說：「你還這麼小，等你再大一點我再教你釣魚的技巧，今天你只要一心一意的釣魚就行了，千萬不要三心二意。」

小貓咪對三心二意這個詞語很是困惑，嘴上卻說：「知道啦！」

走到河邊，貓媽媽叮囑小貓：「我們開始釣魚吧，記住要專心致志啊！」說著便坐下來，開始釣魚。小貓見狀也坐了下來，可是不一會兒心思就不在釣魚上了。一隻蜻蜓飛過湖面，小貓的注意力被蜻蜓吸引；一隻蝴蝶飛過湖面，小貓想要去抓蝴蝶；一架飛機在天空劃過，小貓站起身來，追著飛機跑了起來……。

當太陽西沉之際，貓媽媽看著小貓空空如也的水桶，說：

「跟你說不要三心二意，你桶裡什麼都沒有，晚上我們要吃什麼啊？媽媽來的時候告訴過你，一心一意做一件事才會成功！」

故事裡的小貓不能專心致志的釣魚，結果一無所獲。生活中的我們也會犯同樣的錯誤，幾件急事纏身的時候，總是不能一心一意的，一件事一件事去解決，總想一手抓，結果可想而知，必定是一事無成。

法國偵探小說家喬治·西默農是現代高產的作家之一，有一次一位記者採訪他，詢問他高產的原因，喬治·西默農是這樣回答的：「創作一本小說的時候，我必須做到與世隔絕，做到『三不』——不看信件、不接電話、不見客人，這樣才能全身心投入創作，作品才會精彩。」

喬治的成功正是源於只做一件事情，試想如果喬治在創作的時候什麼事都做的話，也許他就不會寫出精彩的作品。

心理學教授透過實驗發現，同時做很多事，並且都能做成功，幾乎是不可能的，不斷的轉換任務會使效率降低將近四成。

很多人把一心多用理解為「勤勞」，「勤勞」是我們認為的傳統美德，生活裡我們應該勤勞多做事，工作中勤勞也會為我們的職場生活創造更多的機會。但是「勤勞」與「一心多用」有著很大的區別，前者是在自己的能力範圍之內，迅速且高品質的完成分內工作；而後者是指在同一時間段內，分散注意力去做很多件事。

李珊妮剛畢業半年時間，在一間外企做行政專員，平時的工作極其瑣碎，李珊妮常常忙得焦頭爛額。很多時候李珊妮到公司之後，便開始一天的工作，內容通常是查詢上司來電，接著是列印信箱裡上司的文件。常常在執行這些事務的時候，上司會安排臨時的工作給李珊妮，像是會計部要這週的出差報銷單，行銷部要這個月的任務表……在這種情況下，李珊妮不得不放下手頭的工作，來應付上司的臨時安排。

往往上司的安排都是一股腦兒的發給李珊妮，李珊妮總想趕快完成，一時也理不出應該先完成哪個，於是東做一下，西做一下。當列印檔案的時候覺得制定工作報表更重要，於是回到電腦前制定報表；制定報表的時候，心裡又覺得整理會議紀錄最緊急，於是開始整理開會紀錄……等到上司來要工作成果的時候，李珊妮才發現自己什麼都沒完成，每樣工作都只完成了一小部分。

李珊妮每天的工作狀態都很類似，雖然忙得暈頭轉向，但毫無效率可言，最可怕的是李珊妮常常感覺自己疲累不堪，不知道應該怎麼解決。

無論是生活還是工作，我們都會遭遇到類似李珊妮的經歷，專心做這件事的時候，心裡會有一個聲音在說：「那件事更重要，趕緊去做那件事吧！」但是即便是在很多事情都很重要的情況下，我們也不能長出三頭六臂去解決一切。所以這個時候，我們只能做一件事，那就是堅定的先做最重要的那件事。

換個角度，用最簡易的方法去解決問題

在生活和工作中，當我們遇到障礙，經過了努力仍然沒有進展的時候，就要想想是不是有更好的方法。正確的做事方法比持之以恆更重要！

在工作當中，我們做事情不可能總是一帆風順的，當遇到難題的時候，我們不應該一味橫衝直撞，而應該多動腦筋，看看自己所努力的方向是不是正確的。

曾經有一家公司招聘一名業務代表。最後進入面試的王敏得和王昕歡，他們在不同的時間段被分別通知前來面試。

王敏得在面試過程中，面對各種問題簡直是對答如流。就在他自我感覺非常好的時候，負責面試的

考官忽然遞給他一把鑰匙，並且隨手指了指室內的一扇小門，說：「請幫我到那間屋裡面去拿一個茶杯過來。」

王敏得接過鑰匙就去開那扇小門了，鑰匙非常容易就插進了鑰孔，可是無論如何就是轉不動，打不開。王敏得非常耐心的鼓搗了好一陣子，才回過頭來，很禮貌的問那位正在翻看資料的考官：「請問是這把鑰匙嗎？」

「是的，」考官抬頭看了看王敏得，並且還補充了一句，「沒錯，就是那把鑰匙。」然後接著看他的資料。

可是王敏得還是打不開門，於是就轉身走到考官面前，很為難的說：「門打不開，我也不渴……。」考官此時打斷他的話：「那好吧，你回去等通知吧，一個星期之內如果接不到通知，那就說明你被淘汰了。」

對於王昕歡來說，他在回答問題的時候儘管不太流暢，可他很快就憑著那把鑰匙在那間屋裡取來一隻茶杯。考官為他倒了一杯水，高興的告訴他：「喝杯水，然後簽個契約，你已經被錄取了。」

原來那間屋子裡不僅只有一扇門，除了考官房間裡面的那扇內門外，還有一扇與考官門相鄰的外門。王昕歡打開了外面的那扇門，成功取出了那個茶杯。

其實，我們在工作中有可能花費了很大的工夫，但是卻始終不願意換個角度去思考問題，考慮一些其他的方式，考慮一些其他的快捷方法。解決問題的方法也許就是轉換角度後的另一扇打開的門。

所以說，當我們在面對問題的時候，不要只從問題的直觀角度去思考，一定要不斷發揮自己的智慧和潛力，從相反的方面去尋找解決問題的辦法，這樣才會讓問題出現新的轉機。

在工作中，銷售經理總是會對業務上遇到困難的推銷員說：「再多跑幾家客戶！」父親總是會對拚命讀書的兒子說：「再努力一點！」但是這些建議有的時候看起來不免人覺得空洞。就好像曾經有人問一位高爾夫球高手：「我是不是要多做練習？」高爾夫球高手卻回答道：「不，如果你不先把揮桿要領掌握好，那麼再多的練習也是沒有用的。」

可見，整體來說，設定目標是十分有意義的，畢竟，對自己的人生方向有明確的認識是非常重要的事情。可是在現實中，人們總是計較如何實現目標的過程，因而也就失去了很多好的機會。他們還認為要達到目標一定要經得起毅力的考驗，即使有快捷方式可走，他們仍要選擇艱辛的過程。

我們每個人無一例外的被教導過，做事情要有恆心和毅力。比如：「只要努力，再努力，就可以達到目的。」這樣的說法其實我們已經十分熟悉了。你如果按照這樣的準則做事情，你常常會不斷遇到挫折和產生負疚感。由於「不惜代價，堅持到底」這一教條的原因，而對於那些中途放棄的人，可能就常常被認為是「半途而廢」，令周圍的人失望。

也正是因為這個害人的教條，讓我們即使有快捷方式也不敢去走，而是去簡就繁。其實，我們應該調整思維，盡可能用簡便的方式達到目標，而你也應該選擇用簡易的方式去做事情。

有所不為，才能有所為

想要讓下屬履行他的職責，那麼就必須得讓他有一定的權力，但是如果責大於權，就有可能打擊到下屬的工作積極性，這樣一來肯定會影響到工作效率，從而使公司造成一定的損失。

領導層的有所為有所不為其實就是指上司向下屬授予權利的時候，並不是明確說明賦予下屬哪種權利，而是能夠讓下屬在工作過程中，在上司認可的範圍之內自由發揮和利用好手中的權力。只有這樣，下屬才能夠更好的完成工作。

在日常工作中，我們可能會發現這樣的上司，他們做事情勤勤懇懇，不管是大事情，還是小事都要親力親為。看起來他們每天都非常的忙碌而辛苦，可是事情完成的卻並不多，也完成得不好，而且時常把事情弄得雜亂無章。其實，什麼事都去做，什麼事情都要管，到頭來一件事也做不好。

英國偉大的出版家那茲可里夫的一生做出了許多優秀的事業，如果換成別人的話，可能早就忙得不可開交了，但是那茲可里夫從來都是從容不迫、應對自如的。

那茲可里夫身邊的很多朋友也對他能夠把事情處理得井井有條感到非常吃驚，而那茲可里夫則告訴大家說：「我只擔任指揮的工作，一切具體的工作我都交給那些我認為能夠勝任的人去完成。因為一個人要想做出一些成就，最重要的就是時時刻刻必須懂得有計畫，要管理得當，有所為，有所不為。」

同樣是在電腦公司工作的高層李經理也說道：「不要去做可以讓別人做的事情。」因為作為一個領導人物，最為重要的就是能夠有卓越的思想和計畫，千萬不要把這些創造新思想的寶貴時間和精力浪費在做一些細小的事情上。一個有成就的領導人，他永遠都是一個指揮家，但是他卻不一定去具體做某一件事情。

當然，對於領導人來說，授權其實是非常不容易的，因為當上司把權力下放之後，如果控制不好，那麼肯定會產生一系列嚴重的影響。可是如果上司不把手中的權力進行授權，任何事情都要親自參與，那麼不僅自己工作做不好，而且還會感到力不從心。

翊佳公司的王總經理把當月的公司生產計畫交給了生產部門的李佳佳經理，並且要求她全權負責生產計畫的實施工作，這其中自然也包括在生產計畫實施過程中的人員調配，原料的供給等工作。

當李佳佳接到了任務之後，就很快的把生產計畫中所需要的人員進行了調配，一些機器設備也進行了檢查，工作看起來是一切順利。

過了一週的時間，當公司王總經理來到生產部門視察的時候，發現第一週的生產量就已經完成了整個生產計畫的三分之一。這讓王總經理非常生氣，於是就把李佳佳叫了過來：「妳是怎麼搞的，第一個星期就完成了這麼多，如果造成工人過度勞累，機器過度磨損怎麼辦？」

李佳佳聽從了王總經理的意見，故意把生產速度降低下來，可是到了第二週的工作匯報會議上，王總經理又發現產量居然比第一週降低了四分之一。這一下王總經理又不高興了，他埋怨道：「李小姐，妳說妳是怎麼回事，這週的產量怎麼會下降這麼多呢？妳要加強對生產部門的管理啊，不然生產計畫就有可能無法按時完成。」這次，李佳佳聽完王總經理的這些話之後，真的不知道該怎麼辦了。

我們也許都看出來了，王總經理並不是不想讓李佳佳全權負責，他只不過是想能夠督促一下李佳佳，讓她把這項工作完成得更好，但是由於王總經理的方法不當，最後使李佳佳產生了一種錯覺，認為王總經理好像還是打算自己親自出馬，從而李佳佳也就失去了工作的積極性，結果工作不僅沒有進步，反而朝著不好的方向發展。

可見，授權並不是一件簡單的事情，而是一定要掌握一些方法。如果從管理學的角度來看，授權其實就是一種用人的策略，是一種領導人有所為，有所不為的大智慧。能夠讓自己手中的權力進行有效的下放，從而讓員工感覺自己獲得上司的信任，才會更加提升員工工作的積極性和整個團隊的凝聚力與競爭力。

讓工作「頭緒化」

在競爭日益激烈的社會當中，效率成為了創造成績的關鍵因素。很多人在職場當中之所以能夠成功，他們所依靠的就是工作當中的高效率。

那麼怎麼樣才能夠算是高效率呢？就是在有限的時間之內所完成的工作數量要遠遠超過平均工作數量。

如今，很多公司的老闆都在提倡進行最佳化的管理，就是以最小的消耗在最短的時間內能夠創造出最優秀的成績。

而且很多人也正是透過多種方式來為公司創造更多的利潤的，更為重要的是提升了自己的價值。

由此可見，如何提高你的工作效率就成為了你在職場當中是否能夠取得勝利的關鍵因素。而且，現在的社會已經不再透過時間的長短和工作經驗的多寡來衡量水準，而是以工作效率作為標準，憑藉高效率展現工作能力和創造價值。

有一位廣告經理犯了這樣一個錯誤。有一天，他需要完成一個任務，而這個任務的時間又是非常緊迫的，所以這位廣告經理在審核廣告公司傳回來的樣稿時，因為時間緊張而不夠仔細，在廣告發布出去的時候居然把公司的電話號碼打錯了。當顧客看完廣告打電話的時候，發現電話錯了。由於這位經理的馬虎，給公司帶來了很大的麻煩。

在很多時候，我們總是把時間浪費在這樣的錯誤上面，如果我們一開始就能夠認真仔細的完成任務，效率自然就會提高許多。

工作當中，我們所聽到頻率最高的話就是「我現在很忙」。其實在上面的案例當中，這位廣告經理正是因為自己太忙了，所已才把號碼給弄錯了。

還有這麼一則故事：在一項工程施工的過程中，師傅們正在緊張的工作著，而就在這個時候，有一位師傅需要一把扳手，於是他對自己身邊的小徒弟說：「你去幫我拿一把扳手。」小徒弟聽到師傅吩咐後，飛快的跑去了。

可是師傅等了很長時間，這位小徒弟才氣喘吁吁的跑回來，拿著一把非常大的扳手對師傅說：「師傅，我找了半天才找到，然後就趕緊跑回來了，真的累死我了。」

然而，當師傅看見這把扳手之後，卻發現這並不是自己需要的那把，於是就非常生氣的說道：「誰讓你拿這麼大的扳手了？」小徒弟見師傅生氣了，話也不敢說了，但是心裡別提有多麼委屈了。

這個時候師傅才想起來，當初自己在讓小徒弟去拿扳手的時候，並沒有告訴他拿多大的扳手。師傅為什麼沒有告訴呢？原因就在於這位師傅以為自己的徒弟會知道自己需要什麼樣的扳手，所以才沒有告訴他，但是他並沒有想到徒弟並不知道，最後小徒弟不得不再一次去拿扳手，這樣來回浪費了不少時間。

第二次，師傅再需要扳手的時候，就非常明確的告訴了徒弟，這一次沒有花費多長時間，徒弟就把扳手找到了，節省了很多時間，自然也提高了工作效率。

我們要想把事情做對，那麼首先就應該明白如何去做事情才是對的，只有這樣我們才不會白費力氣。

不管是在工作中，還是生活中，為了提高辦事的效率，我們就必須下決心放棄一些沒必要或者不重要的東西，盡量用一些簡單的辦法來解決複雜的問題。

當然，高效率離不開時間的管理。而有序原則則是時間管理的重要原則。有一位著名的科學家說過：「無頭緒、盲目的工作往往會讓效率變得非常低，而能夠正確安排自己的工作計畫，才能夠收到很好的效果。」

我們應該記住，能夠明確自己的工作是什麼，讓工作變得有頭緒，那麼自然也就能夠提高我們的工作效率。

讓你的生活「簡單化」

如果你生活在城市裡，那麼你必須知道永遠沒有足夠的時間去完成你想完成的事情。你會發現事情永遠都做不完，時間也總是不夠用。你的生活也將變得難以預料，這絕不是你的原因，而是這個城市讓生活變成了這樣，除非你下定決心善用時間，好好經營你的生命，讓你的生活「簡單化」，否則這個忙碌的城市就會主宰你的生活。

時間管理的第一要務，就是找出你生活當中重要的事情，然後分配時間把這些事情做好。

如果我們想讓生活簡單化，想讓壓力減輕，能夠有更多的時間去做自己真正想做的事情的話，那麼就需要認識到有時我們必須花錢請別人來完成自己做不好的，甚至是沒時間做的事。比如每週請人來家裡打掃一次，這樣你就可以把時間省下來做其他的事情。

不管是家事還是工作，不斷的分心和被打擾都是一種時間的浪費。一個不被打擾的好方法就是開啟留言系統，如此一來你可以避開向你推銷保險或特價旅行團的電話。做得更澈底一點的話，可以安裝一個來電過濾系統，只接聽你認為重要的來電。如果你沒有語音信箱也沒有關係，不必強迫自己接每一通電話，如果對方真的有事情找你的話，他就會想盡辦法聯絡到你。

對於大多數人來說，也許並沒有好好計劃和運用每一天的時間，所以常常讓自己陷入城市的緊張壓力當中。

讓生活「簡單化」，你可以嘗試做下面的練習，把你該做的事情一一列出來，然後重新整合你的生活，提升你對生活規劃的能力。你會需要筆和記事本來做這一項練習。

第一，打開筆記本，在新的一頁最上方寫上今天（或明天）的日期，在日期底下，畫三條分隔號，區分出三個欄位，由左至右分別填入「將做的事」、「時間及地點」和「成果」。

第二，在第一欄「將做的事」裡面，大概記一下今天你想完成的事，這個清單可長可短，只需要寫下你覺得重要或者是非做不可的事，並且能夠確保它們的完成。接著在「時間及地點」一欄當中仔細填入相關資料。

第三，一天結束之前，用十分鐘來檢查這張表，並且記錄在「成果」那一欄，欣賞自己一天當中所完成的所有事，給自己一個愛的鼓勵。緊接著，在新的一頁做同樣的紀錄，把明天的生活也規劃出來。如果今天的事情還沒有完成，那麼把它列在明日將做事項中的第一位，繼續完成。

除了這些方法，我們還可以尋找一些「好幫手」：

充分做好時間管理，其實就意味著你必須學會找幫手。如果你是一個完美主義者，「找幫手」對你來說也許聽起來非常不舒服，但是經過以下的練習，你將變得更加信任他人，同時相信他們可以跟你一起把事情進行得更好。

第一，無論是找工作或生活上的助手，首先你都必須找對人。你的助手或者代理人必須擁有必要的知識和經驗，能夠處理好你所交代的事，你也可以找一位老師指導你。

第二，記住，一定要以積極正面的態度來尋求協助，並且與你的助手保持良好的溝通。對他們的能力與表現給予真誠的讚美，同時要感激他們為你付出的辛勞。你可以說：「我了解你還有其他事情要忙，所以我真的非常感謝你的鼎力相助。」

第三，一旦你為別人安排了工作，那麼把工作內容解釋清楚之後，就請不要再過分干涉，因為別人可能有他自己完成工作的方法，哪怕這一方法和你的不一樣，也請尊重他的處理方式，除非這件事情的方向已經偏離、產生錯誤了。如果事情很順利，那麼就不要吝嗇讚美；如果不理想，你也應該坦誠的提出來，但仍然要感謝他們的付出。

提高時間效率的方法

時間管理的核心是你必須用最合理的時間來完成最合理的專案，達到最有效率的管理目的。事情總是有緊急和重要之分，可是你到底應該先做哪一個呢？當然，你會說，第一個要做的一定是又緊急又重要的事情，因為通常這些都是一些突發的困擾，甚至是迫不及待需要被解決的關鍵性問題。

你可能天天都在處理這些事情，那麼只能夠說明你的時間管理並不理想。下面十個關鍵點則可以幫助你打開時間管理大門的鑰匙。

時間管理第一大關鍵點：設立明確的目標

時間管理的目的就是讓你在最短時間內實現更多你想要實現的目標；你必須把整年度的四個到十個目標寫出來，找出一個核心目標，並且依次排列重要性，然後依照你的目標制定一些詳細的計畫，然後依照計畫進行。

時間管理第二大關鍵點：列出一張總清單

把今年要做的每一件事情都列出來，並且對目標進行切割：

一、年度目標切割成為季度目標，列出清單，每一季度要做的事情有哪些；

二、季度目標切割成月目標，並且在每月初重新再列一遍，碰到突發事件而更改目標的情形，一定要及時進行調整；

三、每一個星期天，一定要把下週該完成的每件事列出來；

四、每天晚上把第二天需要做的事情列出來。

時間管理第三個關鍵點：二十八十定律

用你的百分之八十的時間來做百分之二十最重要的事情，你一定要了解，對你來說，哪些事情是最重要的，是最有生產力的。你必須學會如何把重要的事情變成緊急的事情，這樣你就會立刻開始做具有高生產力的事情了。

時間管理第四個關鍵點：每天至少要有一小時的「不被干擾」時間

假如你每天都能夠有一個小時的時間完全不受任何人干擾，那麼這一小時可能可以抵過你一整天的工作效率，甚至有的時候這一小時會比你三天加起來的工作效率還要好。

時間管理第五個關鍵點：必須和你的價值觀相吻合

你一定要確立你的個人價值觀，假如價值觀不明確，你就很難知道什麼對你最重要，當你價值觀不明確的時候，時間分配一定是不好的。時間管理的重點不在管理時間，其實在於如何分配時間。你永遠沒有時間做每一件事情，但是你永遠有時間做對你來說最為重要的事。

時間管理第六個關鍵點：每分每秒做最有效率的事情

你必須思考一下要做好哪一份工作，到底哪幾件事情對你來說是最有效率的，列出來，分配時間做好它。

時間管理第七個關鍵點：充分進行授權

列出你目前生活當中所有覺得可以授權的事情，然後把它們寫下來，之後就開始找人授權，找適當的人來授權，這樣你的效率會比較高。

時間管理第八個關鍵點：同一類的事情最好一次性把它做完

假如你是在做紙上的作業，那麼一段時間都做紙上作業的工作；假如你是在思考，那麼用一段時間只作思考；打電話的話，最好把電話累積到某一個時間段一次把它打完。當你重複做一件事情的時候，你就會熟能生巧，效率一定會提高。

時間管理第九個關鍵點：做好「時間日誌」

你到底花費了多少時間在哪些事情上，一定要把它詳細記錄下來，每天從刷牙開始，洗澡、早上穿衣花了多少時間，早上搭車的時間，早上出去拜訪客戶的時間，把每天花的時間統統都記錄下來，你會發現浪費了哪些時間。當你找到浪費時間的原因時，你才有辦法去改變。

時間管理第十個關鍵點：時間大於金錢

去換取別人的成功經驗，一定要跟頂尖的人士學習；千萬要仔細選擇你所接觸的對象，因為這會節省你很多的時間。

利用閒置時間，創造屬於自己的財富

如果把時間比喻成一本書的話，那麼這本書的字裡行間就是我們的閒置時間、零碎時間、空閒時間。事情有輕重緩急，時間同樣也有大小段之分。我們用大部分時間做重要的時間，但卻常常忽視這些空閒的時間。實際上只要我們能意識到並且加以利用這些閒置時間，它們也可以幫助我們創造效率和財富！

我們的生活和工作中比比皆是閒置時間，上下班等公車的時間、坐公車的時間、吃午餐等上菜的時間、會議開場前的時間、與人相約等候的時間等等，這些時間看似毫不起眼，但只要你做個試驗就可以發現，這些時間是相當龐大的。

一位銷售人員曾經將自己一整天工作中的閒置時間統計下來，放到網路上，得到了大家的關注：

七點四十，等車加坐車的一個小時的時間內：計劃今天應該撥打回訪電話給哪些客戶；

八點五十，抵達公司打開電腦的兩分鐘時間：制定一天的工作計畫；

等待快遞的十分鐘內：想好要回覆客戶的郵件的內容；

開小組會議之前的等待時間內：瀏覽一下會議流程、構思發言內容；

午休等餐十分鐘：計劃下午應該拜訪客戶的名單；

下午三點，等待客戶的五分鐘內：想好要見客戶的說辭；

下午四點半，拜訪客戶回程的路上思考：為什麼這次客戶沒簽約，今後應該怎樣改進；

下午四點五十，返回公司的路上：制定第二天的工作計畫，回訪電話名單和拜訪名單。

從這份一整天的工作行程中，我們輕而易舉的發現，銷售人員用零碎時間做了很多重要的事情，比如制定工作計畫、拜訪客戶的名單和說辭等，可以說這些都是關乎銷售人員業績的關鍵步驟，而這位銷售人員卻是利用閒置時間來完成。

你現在是否非常驚奇，原來這些閒置時間可以釋放如此大的能量。也許從前的你對這些閒置時間非常輕視，認為它們毫無建樹，在你的觀念裡，它們成了食之無味棄之可惜的「雞肋」，用它們做事不會有什麼大作為；放任它們也不會有什麼大礙。事實上，只要利用得當，這些小小的閒置時間就好比撬動地球的槓桿一樣，起著關鍵的作用。那麼這些空閒時間能帶給我們什麼呢？

第一，你可以利用這些零碎時間蓄勢待發。我們的工作就像在打仗，時時刻刻都在衝鋒陷陣，只要稍不留神就丟失了上萬元的生意，也許打瞌睡的一會功夫，同事的業績就遠遠超過自己了，失去任何一個機遇就與成功擦肩而過……於是我們像上了發條一樣，無時無刻不在拚命奮鬥，這固然可以幫助我們實現抱負，但卻使我們身心俱疲。

當你身心俱疲的時候，難道你不想利用開會的空檔小憩一下嗎？要知道閉目養神也能積蓄能量，目的就是使自己在接下來的工作中更加精力充沛。

第二，可以在閒置時間內獲取知識。競爭與我們的成功如影隨形，在公司裡每個人都要強調自己的不可或缺性，要成為在公司裡必不可少的角色，我們勢必要擁有別人所沒有的能力，這就需要我們在補充體力的時候也記得增加知識儲備，在空閒的時間內獲取知識是一個不錯的選擇。

國外一家研究效率的機構經過研究發現，我們每個人能集中注意力的時間非常短，平均只有二十五分鐘的時間。不可否認的是這二十五分鐘非常短，但是用這二十五分鐘時間來讀書，吸收書上所說知識的效果也非常好。所以我們每天應該拼湊一些閒置時間，來補充自己的知識儲備。

別告訴我你沒有二十五分鐘的時間，要知道一天有二十四個小時，難道你連二十五分鐘的時間都沒有嗎？如果連二十五分鐘的閒置時間你都要吝嗇的話，你又怎能在職場上獲得比別人更多的機會呢？

第三，利用閒置時間記帳，是一個不錯的選擇。無論你是一位高級白領還是工作在第一線的工人，理財都是你生活中必不可少的一項活動，誰不想要自己越來越富有，有更高的生活品質呢？記帳永遠是理財的前鋒，不會理財是很難有一個理財規劃的。記帳不僅可以幫助你了解你的資金動向，對你制定理財計畫更是非常有幫助的。

提起記帳，大家都會覺得繁瑣，其實不然，記帳很簡單，在你空閒的時間就可以做得很完美。你可以隨身攜帶一個小本子，等車、等餐、回覆郵件的空檔，你都可以將一天的開銷做一個小結，晚上回家進行匯總，就不會有忘記一天花銷的情況發生。這樣既簡單，又很省力。此外，你還可以利用閒置時間來規劃自己的理財計畫，是不是要變更一下自己的投資產品等等。

第四，閒置時間可以幫我們反思。《荀子．勸學》中記載：「君子博學而日參省乎己，則知明而行無過矣。」這句話告誡我們，應該每天檢查反省自己一天的行為，這樣才能變得智慧明達，行為才不會有所偏頗。

現代社會要求我們不僅要在工作上有所建樹，更要會經營人際關係。但是即便我們再小心，都會有一些瑕疵，如果不加以改正便會對今後的生活、工作造成影響。這就需要我們常去反思，在反思的過程中吸取教訓、總結經驗，達到日臻完善我們工作和生活的目的。

要注意的是，很多人都習慣留一個特定的時間來思考自己的行為中偏頗的方面，錯誤的認為這樣才會有很好的效果。可是實際上很多時候犯錯的當下如果沒有記錄下來，過後就會忘記的。所以利用閒置時間來反思，是完善自己行為的最佳時間。

第五，利用零碎時間制定工作計畫。在忙碌的工作狀態下，我們總會出現丟三落四的狀況：忘記打電話給張總敲定拜訪時間，怎麼沒有打電話給人事部陳小姐商量招聘事宜，會計部要的報表還沒有做好……制定工作計畫只需要我們在手邊準備一張便條紙，以便我們隨時記錄待辦事項用。

如果你不想要時間在你的眼皮底下偷偷溜走，那麼就請利用閒置時間吧，閒置時間可以幫助我們創造更多的財富！

第七章 提高效率：用最有效的時間做最重要的事

努力做高效能人士

人們的手頭上總是會有一大堆的事情要做。為了在工作和私人生活之間保持一種健康的平衡，你一定要學會做一個高效能人士，在工作的時候保持高效，從而能夠在合理的時間離開辦公桌。如果你無法做到這一點，那麼你就會精力不集中、創造力低下，最終也會危及到你的健康。

為了讓自己能夠認清每天必須完成的工作，並且找到完成任務的策略。你可以嘗試著運用以下幾種方法：

第一，每天都以計畫做結束

每天下班之前，用十五分鐘的時間寫下第二天的任務清單。寫出清單之後，你就會清楚地知道，哪些工作是今天必須完成的，哪些工作是今後幾天之內需要完成的，哪些是長遠的目標。

任務清單能夠讓你更加精確的找到需要優先解決的問題，從而避免被那些不重要的事情分散你的精力。這樣一來，即使你決定在某個合適的時候停止工作，工作進度也仍然在你的掌握之中，工作效果是不太會受到影響的。

第二，提前分派任務

檢查一下任務清單，並且認真考慮一下，哪些任務可以分派給團隊當中別的成員。每天都要儘早的把這些任務安排給團隊成員，讓他們能夠儘早開展工作，從而加快完成任務的速度。其實和你一樣，同事也希望對每天自己的工作、時間能夠儘早進行安排。如果你是在一天的最後幾個小時才把任務分派給你的同事，那麼同事肯定會產生怨言，因為你的這個行為，也許會打亂了他們的計畫。

第三，早工作早離開

加班工作到很晚這並不是提高工作效率的好方法，它有可能會引發一系列的惡性循環。比如：工作到很晚經常會讓你感覺很疲憊，第二天會起的很晚，然後又導致你第二天要工作到很晚，一直惡性循環下去。所以要在一個星期之內強迫自己早點開始工作，做完早一點離開。可能在開始的時候，這樣非常困難，但是你會很快發現，早點開始工作能夠讓你每天有做計畫的時間，從而使你的工作效率得到有效提高。

第四，有效利用高科技，並且學會控制干擾

你會發現充分利用辦公的自動化設備和應用程式來完成工作任務，這樣會減少許多手工操作，能夠讓你獲得更多的時間。

透過電子郵件可以完成許多日常的交流，不一定非得打電話。使用電子郵件可以避免打電話聊天過長的弊端。當然，也有一些工作必須直接與人當面交談才能夠有效。但是，大部分工作人們能夠利用電子郵件進行有效溝通，並且做好處理。

但是也需要我們注意的是，不要讓一些你沒有預期收到的電子郵件、電話和會議打亂你的工作計畫，從而讓你不得不加班。為了讓自己的工作不受干擾，你完全可以這樣做：每隔幾個小時而不是每隔十分鐘查看一次電子郵件；將電話轉為語音信箱，只去回覆那些確有急事的電話；並且要求將會議安排在你方便的時候召開。

除此之外，我們不要在工作時間做私事。當然，在工作的時候，完全不考慮私人事務也是不現實的，所以，你要把那些該繳帳單、寫感謝卡和其他影響工作效率的私人事情進行一下統籌安排，把這些私事對你工作的影響降到最低。

還有一些人由於白天無法完成任務，最後養成了熬夜的習慣。但是熬夜會降低工作效率，甚至危害健康。所以，如果你要想方設法提高工作效率，就要做到「今日事，今日畢」。

向猶太商人學習惜時如金

猶太人認為，一個商人要想賺大錢，首先要考慮的不是資金，而是怎樣才能更好、合理的利用時間。

有的人總覺得時間很多，有的人卻常常感覺時間不夠用，其實對於每個人來說，時間都是等長的，關鍵是看你如何利用。

時間就好像海綿裡的水，只要願意擠，總是會有的。商人的時間更是如此，想要賺錢，首先就得像擠海綿一樣擠出「空閒」的時間，用於經商。會賺錢的商人，通常往往也是善於精打細算安排時間、惜時如金的人。

時間就是金錢。猶太商人的賺錢之道正是從積攢時間開始的，他們對時間的利用，可謂是精打細算。

猶太人與人相約，不僅需要申明預約的日期和具體的時間，而且從某時某刻起到某時某刻結束都規定得一清二楚。猶太人到了老年的時候，還會開始細細估算自己還能活多久，來推算自己還能夠賺多少錢，還能繼續享受多長時間的幸福生活。

猶太人在工作的時候從來不做沒有必要的會客，也從不允許外人進行打擾。任何人想要和他們會面，即便是業務上的聯絡，也一定要事先預約。在猶太人的商務活動中，不速之客就意味著是不受歡迎的人。

下面的案例可以充分展現出猶太人的這種心態。

曾經有一個人，他利用自己的空閒時間，沒有經過預約就直接跑到紐約某個著名的猶太商人的百貨公司，貿然敲響了該公司宣傳部主任辦公室的大門，向裡面的接待小姐講清了自己的來意。

接待小姐問：「請問先生，您事先預約了嗎？」

這位青年微微一愣，但馬上滔滔不絕的說：「我是日本某百貨公司的職員，這次來紐約考察，因為對貴公司的行銷策略非常感興趣，特意利用空閒時間，來拜訪貴公司宣傳部主任……。」

「對不起，先生……。」小姐打斷了他的說話。

結果這位先生被拒於門外。

其實，這位先生的拜訪也並沒有惡意，如果接受他的拜訪或許還能夠獲得某些收穫。但是猶太人為什麼不假思索就拒絕他了呢？這是因為，對於貫徹「時間就是金錢」的猶太人來說，在工作時間當中，根本不可能放棄幾分鐘而跟一個根本沒有把握的「不速之客」去談判。

換句話說，猶太人從來不做沒有把握的生意，所以，「不速之客」在猶太人看來是妨礙他們工作的絆腳石，只有進行拒絕，才能讓他們的工作暢通無阻，向「時間就是金錢」的主題直奔而去。

除此之外，猶太人還非常注意商務活動當中時間的安排。每天，公司開始上班的一小時之內，就是所謂的「發布命令時間」，換句話說就是把昨天下班後一直到今天上班前所接到的一切業務往來的資料或者相關的事務進行處理，或者是做出具體安排。在這段時間裡，禁止任何外人來打擾，即使是商業上有往來的重要客戶，也必須事先預約。

在猶太人的眼中，預約不僅僅意味著時間的約定，更意味著時段的約定。比如：客人在上午九點至九點二十分前來洽談某一業務，時間一到，主人就會起身結束談判。猶太人為了盡量壓縮會談時間，通常見面之後，開頭只簡短談些「今天的天氣真好」之類的寒暄，隨後就直奔主題。一般的客套話在猶太商人看來是毫無意義的，都是在浪費生命。

對時間的極端重視，讓猶太人在處理時間問題上非常認真。俗話說：「好鋼要用在刀刃上。」這句話用在猶太人對時間的態度上尤為合適。猶太人對時間的理解也是很有趣的。

猶太人認為：「時間就是金錢，時間是進行任何一宗交易必不可少的條件，也是達到經營目的的必要前提。所以，與對方簽訂合約的時候，要對自己的交貨能力進行充分的估計，考慮清楚自己是否能夠按照客戶所要求的品質、數量和交貨期去履行合約。如果可以辦到，就簽約，如辦不到，他們是不會輕舉妄動的。」

所以，猶太人對時間的智慧在於，想要賺錢，就要充分合理的運用時間，不能夠讓空閒的時間白白浪費，只有緊緊抓住了一分一秒，才不會錯過任何商機。

把時間用在刀口上

要想成為優秀的人，首先就必須學會擠出時間。與一個小時相比，一分鐘看起來可能是微不足道的，但是細細的算一筆時間帳的話，你會發現，每天多擠出一分鐘，累積起來其實就是一段並不算短的時間，足夠讓我們成就不凡的人生。成功還是失敗，往往在很大程度上取決於你擠出時間的能力。

巴爾札克說：「從個人的角度看，一個人擁有的最大的財富就是時間。」沒有時間，計畫再完美，目標再遠大，能力再卓越，這些都將是空談。凡是成功的人，往往他們都非常善用時間，這也是他們之所以能夠成功的因素之一。

我們經常聽到這樣的抱怨：「我如此努力的工作，甚至有的時候忙得連喝水、上廁所的時間都沒有，為什麼我還是不能夠完成自己的工作呢？」是因為他們偷懶嗎？是因為他們不聰明嗎？都不是，這主要是因為他們沒有利用好自己的時間，沒有把時間用在刀口上。

那麼，怎麼樣才能夠把時間用在刀口上呢？

第一，這也是最重要的一點，就是利用最佳狀態去辦最難和最重要的工作，這將讓你的工作效率在無形之中得到提高。

生物學家透過研究發現，人和其他生物的生理活動是有著明顯的時間規律的，人的智力、體力和情感都顯現出一種週期性的變化。一個善於管理自己時間的人，也應該是一個能夠找出自己在一天當中，什麼時間工作效率最高，並且能夠充分利用這段時間來處理最重要與最複雜的工作，而精力稍差時，就用來處理例行公事的事情上的人。只要你堅持下去，你很快就能夠在你的同事當中脫穎而出。

加拿大聯合航運公司董事長凱特·傑瑞就是一個非常善於使用時間的人。八歲的時候，凱特·傑瑞就跟隨母親移民到了英國。為了適應新的環境，他每天晚上都堅持和父親進行英語交流，在父親的提問下默寫單字，有的時候還在早上起床之後大聲朗誦英語文章。

到了十六歲的時候，他不僅能夠講一口流利的英語，而且學業也相當優秀，最終成了加拿大聯合航運公司董事長。

第二，有效管理好每一分鐘。無論工作多麼繁忙，時間多麼緊湊，只要你懂得擠時間，就會比別人得到更多的時間。比如，在候車、等人、開會，甚至上廁所的時候，別人可能是無所事事的，但是你如果能「擠出海綿裡的水」，利用時間看報紙、與人交談、背背單字，自然你就比那些白白把時間浪費掉的人有了更多的收穫。

第三，今天的事必須今天做完，絕不拖延到明天，這其實也是提高時間利用率的最簡單而有效的辦法。正如日本效率專家桑名一央所說：「昨天已是無效的支票，而明天是預約的支票，只有今天才是貨幣，只有此時此刻才具有流動性。」

而在現實生活中，最可悲的人並不是軟弱無能的人，也不是窮困潦倒的人，更不是一事無成的人，而是不懂得利用時間的人。現如今，時間管理能力已經成為了企業衡量優秀員工的重要準則，也得到了越來越多人的重視。

每天及時檢查自己的工作

在很多時候，你所做的工作，並不是做好做完了就可以了。只有及時追蹤檢查自己的工作，才能了解自己工作的效率怎麼樣，有哪些成就，還存在哪些不足？

有一位管理學家認為：「一件事情，做與不做並沒有太大的差別。最大的差別在於為什麼做和為什麼不做，並且是從哪個角度去做最有效。也就是說，執行並不是常人想像中簡單的『做事情』，也不是那些能夠完成和不能夠完成的東西。」

在生活當中，人們經常會遇到這樣一些人。這些人得到的工作指示其實是很明確、具體的，他們的能力也是不錯的，然而，他們卻經常陷入低績效的泥潭裡無法自拔。

那麼到底是哪些因素導致了這種現象呢？

經過一番調查人們發現，這些人之所以執行不力，最為主要的原因在於他們執行任務的時候沒有及時追蹤檢查自己的工作。因為缺乏及時的追蹤檢查，造成了這些人即使在做著偏離了正確軌道的事情，卻還自以為在正確的做事情。如此一來，工作的結果自然很難有品質保證。與此同時，人們也會從中了解到，如果「檢查」得不到認真而嚴肅的對待，再清晰的工作指示、再明確的目標到頭來也沒有多大的意義。

宋沉曄在大學所讀的是新聞科系，畢業之後應聘到一家成長飛速的報社擔任記者。作為一名新員工，宋沉曄下決心要做出一番成績來，向眾人展示自己的才華，證明一下自己的實力。

有一天，宋沉曄從編務會上了解到，因為臨時擴版，第三版的《每日論壇》欄目還缺少一篇關於當地某醫學專家的特約文章。總編為了此事非常著急，宋沉曄認為自己可以表現的機會到了。因為她對醫學是非常了解的，於是她立即向總編輯保證，能夠如期做好這件事情。當然，她也知道時間是非常緊迫的。

回到辦公室之後，宋沉曄為了能夠按時完成這篇文章，立即上網收集相關資料。也許是因為太興奮、太緊張的緣故，宋沉曄在搜索資料的時候竟然把醫學家的名字漏輸了一個字母。結果，宋沉曄得到的完全是另外一名醫學人士的資料。

由於時間緊迫，她來不及細看資料，就匆匆的列出了一份採訪提綱，去採訪那位醫學專家。在採訪的過程中，宋沉曄也發現那位醫學專家所說的與她所掌握的資料並不太相符；雖然有一些納悶，但是卻沒有放在心上。回來之後，宋沉曄將網路上收集的資料和採訪資料進行了整合，連夜精心趕製出了一份特別報導，交給總編輯。

結果可想而知，第二天報紙一發行，這篇報導失真的新聞專訪立即就引起了軒然大波，甚至所有的讀者都開始懷疑報紙本身的真實性。為了挽回讀者的信任，報社不得不公開向兩位醫學專家道歉。宋沉曄也受到了極其嚴厲的懲罰。

其實，宋沉曄所犯的錯誤是完全可以避免的。如果在執行任務的時候，她及時追蹤檢查一下自己的工作成果，報導失真的錯誤就不會發生了。但是可惜的是，得意忘形的宋沉曄並沒有這麼做。

毋庸置疑，及時檢查自己的工作是有效執行工作的有力保障。即使是最為優秀的人士，及時檢查工作也是必要的。

在追蹤自己工作成果的時候，人們應該重點檢查以下內容：

第一，及時了解自己是否正在按原定的計畫執行；考慮有沒有妨礙工作進展的意外情況的出現，並且對出現的阻礙給予及時解決。

第二，審視一下自己的工作效率，看看能否與所安排的整體進度相一致。

第三，反思、檢討自己的執行情況，以便進一步改進工作的成果。

一些高效率人士在追蹤檢查自己工作的時候，是從來不會忽視關鍵細節的。他們的目光總是會集中於工作態度、工作進度、完成工作品質的操作方式是否合適、有無必要對自身進行修正、是否還有更大的發揮空間、是否確實了解該項工作的主旨，並且能夠按「主旨」的方向完成工作等。

而且為了防止遺漏，一些高效人士在接受工作之後，通常會以工作為根本，建立一份詳細的執行計畫，並且會把它結合在行事曆上。他們將檢查的內容轉化成具體的行動及時間表上的文字。這樣一來，他們便可以在工作的同時，隨時隨地的追蹤檢查自己的工作。

避免決策上的時間浪費

善於控制時間的人非常清楚知道成功和失敗兩者之間的不同，就在於搜集決策資訊的能力和是否能夠成功的加以運用。

有效的資訊才是成功的關鍵。正確決策需要真實和及時有效的資訊，所以，我們必須養成識別和解釋資訊的能力，這樣才能夠做出正確的決策。

資訊可以來自很多方面，比如來自於你的助理、同事、老闆，也可以從圖書館、報刊、書籍、網路等獲得，而中選擇所需的適當資訊數量，就要求你必須掌握資訊，掌握了資訊就等於掌握了時間，也提高了工作效率。

我們要想提高效率，就一定要把下面這幾方面的問題處理好。

第一，克服不善用你的助理的問題

把你準備完成的工作事項先列成一張表，然後再列入你的助理能夠幫你完成的工作。考慮對他們的工作是否做到了分配合理？是否和他們討論過你的首要工作和他們所要完成的任務？他們是否曾經替你分擔過一些有助你完成當天重要工作的事情？

除此之外，你需要減輕自己的工作量。每天要能夠擠出一定的時間，把工作量檢查一遍的話，就需要將一些工作適當的分配出去。

第二，讓自己對工作充滿熱情

有許多人整天混日子，盼望著今天千萬不要遇到困難的工作。他們總是在幻想自己能以少少的付出出色的完成任務。

你一定要找出你對公司的興趣，首先讓自己熱愛自己的工作和公司。對你的工作、公司感到興致勃勃、滿腔熱情。

無論是什麼計畫或任務，總是有辦法完成的，大家可以組合成小組，工作的時候就可以發揮集體智慧，從而讓工作獲得圓滿的成功。

第三，主動而真誠的與人進行來往

很多傑出的主管人員都非常懂得和同事、客戶商討問題，並且能從中搜集到重要資訊，以供決策使用。

第四，要重視別人給的幫助與對別人的承諾

假如你向高效能人士詢問過上個季度的生產情況，並且答應給他們一份有關改進生產部門的報告。然而你可能因為種種原因把提供資料的事情忘卻在了腦後，而且報告也沒有寫出來。這個時候若是你需要運用到你要來的資料的話，那答應過寫的報告也應該要盡快寫好送出。當你的同事知道你會採用他的資料，他才會繼續提供給你。樹立起及時有效的處理資料和感激同事協助的良好信譽，你才能獲得大家的歡迎。

第五，化繁從簡，避免資料太多

當你在接受一項新任務的時候，比如負責研究替公司節約能源的新方法。你可能會向同行業工會和政府當局等許多部門進行查詢，那麼每天就會收到大批回信，辦公桌上也會堆滿這類資料。

而當你把所有需要的資料都準備充分的時候，就應該立即停止搜集。因為太多的資料反而會耗盡你的時間和精力。

第六，在閱讀報紙中花過多的時間

看報紙確實能夠讓自己了解最近的社會發展形勢，這其實是一個非常好的習慣，但是如果不加已限制，那麼就會成為主要的浪費時間項目。有些人會利用吃早餐的時候來看報，或者是在塞車的時候瀏覽一下大標題，也有的人會把重要新聞剪貼下來以備日後參考。但是千萬不要讓報紙占據了重要的優先地位。

第七，切忌凡事請主管指示

雖然你知道完成一項任務需要做什麼工作，但是你可能還是會需要你的主管提供意見給你。為什麼要等他來指示幫助你呢？在等到和主管談話之前，你是完全可以獨立完成很多工作的。所以，不妨對自己的工作先做出一些決策，培養自己的判斷力。

要勇於承擔決策的考驗，從經驗累積中漸漸樹立起自己的信心，進而成為善於控制時間的人。當然，在自己能夠做決定的時候，不要等待指示，專心做你應該進行的工作，在重點工作上更是表現你能力的好機會。

一日之計在於晨

當清晨的第一縷明媚而燦爛的陽光照進你的房間，照亮你心靈的時候，你應該面帶微笑，充滿喜悅和希望的對自己說：「在新的一天裡，我會更加努力！」

清晨不但是一天的開始，也是一個人工作的開始。一個人如果不善於利用早晨的時間，還是一直沉浸在睡夢之中，那麼必定只會懵懵懂懂的混過一天，這樣下去對自己是非常不利的。成功人士都是在每天早晨把當天要完成的工作按照一定的順序安排好，然後將一天的時間合理分配妥當。這樣一來，在一天當中才不會浪費時間，也可以放下心來做已經計劃好的工作，同時做起來也會比較得心應手。

蓋爾一直都在從事海上貿易。有一次他與人合夥做生意，不料他們的貨物在海上運輸的時候遭遇到了風暴，所有的財產都沉入了海底。

蓋爾在遭受這一沉重打擊後日漸消沉，終日無所事事。有一天，他向朋友麥克抱怨自己的不幸，麥克對他說：「我有一個好辦法可以解除你的痛苦。每天在早晨起來的時候一定要先想一想：『今天我要振作起來，要完成什麼？』對自己這一天的時間有一個事先的安排，之後再把所有的精力都投入進去，讓自己忙碌起來，因為忙碌可以忘記憂傷。」

在半個月之後，蓋爾非常高興的對麥克說：「從那天開始，我每天早上計劃一天的工作，從開始計劃借錢投資做生意，一直到後來計劃收入有多少，現在我不僅已經賺到了一千美金，而且原本的愁悶也消失了。」

在生活當中，有許多人像蓋爾一樣經歷過不幸，但是我們如果也能夠做到像他一樣，讓清晨成為一個良好的開端，在每天清晨做好一天的計畫，那麼不幸就會從身邊走掉，成功也就不會太遠了。

在人們所有的時間當中，早晨這一段美好的時光是最不容忽視的。早晨不僅空氣清新，而且環境也比較安靜。這個時候的人們在一夜的充足睡眠之後，精力最為充沛，頭腦也非常清醒，能夠很好的謀劃和思考各種複雜問題。許多人的成功，大部分都是因為抓住了清晨這段重要的時間，為做成大事奠定了基礎。

想要恰當的安排好一天的時間，卓有成效的完成工作，我們可以從以下幾點入手：

第一，在早晨洗漱的時候，面對鏡子中的自己微笑一下，給自己一個好的心情，同時堅定的對自己說：「我一定可以！」信心與快樂能夠讓你的一天精力充沛，並且能夠積極面對可能遇到的一切。

生活經常是這樣，當你以一種豁達、樂觀向上的心態面對現實，並且有效的利用好時間，全身心投入工作的時候，眼前就會呈現出一片光明，而你也能夠順利完成你還沒有完成的事業，從而達到成功的目的。

但是反之，當你將思維囿於憂傷的樊籠裡，未來自然也就會變得黯淡無光。長此下去，你不僅浪費掉了屬於自己的寶貴時間，而且還會失去最基本的信念和打拚的勇氣。

在清晨你完全可以想一下今天可能要處理的事情，安排好一天的工作，並且逐步去完成。先著手做急迫的，或者是最為重要的事情，把次要的工作放在效率較低的下午去做。

你一定要將今天需要做的事做一個安排，並且把它畫一幅流程圖，或者是寫一張紙條放在你最容易看見的位置上，你的工作、你的精力自然就會投入到你的目標中去。你會完全不需要在別人的督促下去學習、工作，去實現自己人生的目標，因為時間會促使你去更好的完成你的目標，也會讓你的工作效率大大提高。

每天都應該有一個計畫，然後再開始投入工作。從清晨就開始投入工作，這對於我們每一個人來說，這一天都會有一個高效率的良好的工作狀態。

當你面對嶄新的一天，到底是沉浸於之前的失敗與痛苦中，還是以樂觀的、積極的心態去迎接它，選擇的權力完全在你的手中。

一日之計在於晨，從現在起，讓我們去試著改變自己的生活，每天清晨給自己一個自信的微笑，那麼你的工作也會與成功人士一樣高效。

先精心計劃，再慢慢完善

著名的時間管理學家羅伯特說過：「我做的每一件事都經過精心計劃，否則我不可能完成任何事。」

約德爾是一家擁有將近二十家連鎖店的傢俱公司董事長。他的傢俱公司的整體規模、設備和銷售量已經成為了美國最大的傢俱公司之一。

而約德爾和他的員工一直以來都在致力於追求客戶的滿意度，約德爾說：「我喜歡和大家在一起。」他的這一心態表明，他經營的不僅僅只是一個傢俱事業，同時還是大眾事業。

約德爾成功運用了許多先進的技巧和方法來管理他的公司。其中很重要的一門技巧就是充分利用時間。

因為約德爾認為，「精心的計劃每一件事，同時最重要的是要以一種最有效率的態度聰明地管理時間。」

約德爾在工作中把時間視為最重要的日用品之一。他透過長時間的經營，發現了一個現象，那就是很多人並不懂得珍視它。

但是，時間是不可能收回的。如果只是注意現在幾點幾分，那麼是不會產生任何經濟效益的。在實際工作當中，很少有人把時間視為一項投資。但是無論是哪種投資，只要你能夠有效地加以利用時間，到最後都能夠獲得滿意而驚人的回報。

「是時候了。」這句話對於約德爾而言，具有一種改變命運的意義。

原來在他將近十三歲的時候，他的父親拉著他的手說：「過來，孩子，現在該是你到外面去找個兼職工作的時候了。」

年少的約德爾其實是非常願意出去工作的，因為在他的心中，他非常想學習如何賣東西，於是他父親就帶他到附近的雜貨店，告訴老闆說：「我希望你給約德爾一個工作。」

當時那位老闆非常猶豫，老闆說：「店裡生意並不忙，你的孩子又這麼小，而我也不打算僱人。」

約德爾的父親央求老闆說：「他可以做任何事，像是掃地、清潔，什麼事都行。」接著他又說，他的孩子其實是想透過這份兼職工作來學習如何賣東西。

後來，約德爾終於得到了這份工作，而且也就是從那天開始，約德爾就一頭鑽進銷售事業裡去了。

「我賣報紙、賣服飾、賣傢俱。我有充沛的動力，我願意投注時間去獲取成功。」年少的約德爾總是這樣介紹自己。

而在日後的奮鬥當中，約德爾充分利用時間學習、工作，為自己後來的事業打下了牢固的基礎。

當約德爾在為自己的未來制定目標的時候，他時常會想起父親曾經說過的那句話：「兒子，是時候了。」父親的話在潛意識中對他產生了深刻的影響。

約德爾知道，時間是珍貴的賞賜，自己應該好好利用時間。事實上，早在約德爾還在雜貨店裡面工作的時候，他很快就明白了時間是多麼的重要。

在約德爾攀登事業頂峰的過程中，他一直讓時間為他工作。約德爾的管理時間原則有以下四條：

第一，意識到時間的特殊價值

可以說時間是上天最珍貴的賞賜。約德爾針對開會的問題說：「定期安排會議，同時限定會議時間的長短，絕對不要浪費每一分鐘。同時凡事找我都要事先預約，而且我覺得每個人都應準時。」

第二，合理控制、分配所有的時間

以一種精打細算、有效率的方式，充分利用你所擁有的時間。約德爾曾經提醒道：「要記得好好去做每一件事，意思就是說好好掌握時間。」

第三，排定優先次序

逐一審查你的工作，並且列出什麼是重要的事情，什麼是不太重要的事情，列出什麼事情應該一上班就去完成，什麼事情可以晚點再處理。約德爾說：「排定優先次序可以幫助你將最重要的事放在最優先的位置上。」

第四，要做到當日事，當日完成

拖延就好像是一個時間的竊賊。所有屬於在今天時間內應該完成的事情，絕不要拖延到明天才做。約德爾說：「我為自己定下了一個規定，就是在我下班離開公司之前，一定要把工作做完。」

西方有一句諺語說得好：「省下一分錢就等於賺到一分錢」。其實我們不妨這麼說：「省下一分鐘就等於是賺到了一分鐘。」因為你所省下的每分每秒都是透過自己的努力賺到的，因此，請你精心計劃自己的每一件事，以節省你的每一分每一秒。

事情要巧做，不要久做

美國著名企業家詹姆斯在總結自己成功經驗時說：「你可以跨越任何障礙。如果它太高，你可以從底下穿過；如果它太矮，你可以從上面跨過去。」所以說，在這個世界上是根本不存在什麼困難的，只存在暫時沒有找到解決問題的辦法，而在有的時候，當我們換一個思路來思考問題，那麼問題可能就會迎刃而解。

一家建築公司的總經理有一天收到一份購買兩隻小白鼠的發票，總經理看完之後大惑不解，就命人把購買這兩隻小白鼠的員工找了過來，問他為什麼要購買它們。

這位員工回答說：「上個禮拜我們公司去一個社區裝修房子，需要安裝新的電線，可是我們卻要把電線穿過一根十公尺多長，但是直徑只有兩公分的管道，而這根管子是砌在牆裡面的，而且還轉了四個彎，我們當時費了很大工夫，誰也沒有辦法把電線穿過去，後來我想到了一個主意。」

「我到一個寵物店裡面買了兩隻小白鼠，一公一母，然後我把電線的一頭綁在一隻公白鼠身上，而在管道的另一頭讓母白鼠在那裡『吱吱』地叫，結果這隻公白鼠聽到母白鼠的叫聲，就順著管道爬了過去，電線自然也就穿過去了。」

這位員工非常聰明，他用自己的智慧解決了企業的難題。所以說工作當中沒有解決不了的問題，有的時候我們只需要變通一下思維，可能就會得到一個意想不到的結果。

在很多情況下，一個好的思路，就如同一把人生戰場上的利劍。但是最後能不能在人生的戰場上獲得勝利，最為關鍵的還是在於拿劍的人。只要你能夠把這把利劍使用好，你的人生就會輝煌騰達。

做事情的時候一定要重視尋找解決問題的辦法和思路，用靈活的方法來解決問題，千萬不要一味橫衝直撞。

福特汽車公司是美國最早、最大的汽車製造商，在一九五六年，福特公司推出了一款新車，這款新車不管是從造型上，還是從性能上來說，都是相當不錯的，而且價格也很合理，但是令人感到奇怪的是，這款新車上市之後卻賣得並不好。

福特公司的高層為此事傷透了腦筋，這個時候，有一位剛剛到職不久的新員工想出了一個主意，建議再刊登一則廣告，內容是：「花五十六元買一輛五六型的福特。」

其實這句廣告詞背後的意思是：「誰想買一輛一九五六年生產的福特汽車，只需要先支付百分之二十的貨款，而剩下的部分每個月只需要支付五十六美元。」

結果正是「花五十六元買一輛五六型的福特」的廣告，一下子就打消了很多人對於這款車價格的擔心。

廣告刊登不到一個月時間，奇蹟就發生了。在之後短短三個月的時間裡，這款汽車一下子成為了福特汽車公司銷售量最好的車型。

而這位提出創意的年輕員工，也一下子就受到了公司高層的賞識，被調到了華盛頓的公司總部，後來他透過自己的不斷努力成為了福特汽車公司的總裁，他就是「美國產業界英雄」艾科卡。

正是這樣一個小小的改變，解決了福特公司的大問題，可見，巧妙辦事的效果有多麼的好。

總而言之，變通才是企業制勝的法寶，也是我們每一個人獲得發展和成功的不二法門，更是把複雜問題簡單化的捷徑。

所以，我們在工作當中，一定要透過轉變思想，時刻去提醒自己要把複雜的事情簡單化。而具體來說，如果想要達到這個目的，我們可以從以下幾個方面出發：

第一，把複雜問題分解，一個個去做。

在我們的工作當中，有很多工作往往會有複雜的流程，而有的流程不是多餘，就是過於繁複，為此，我們需要把複雜的問題進行分解，一個一個去擊破。因為小的任務總是要比大的任務簡單很多。等到所有的小任務都完成了，大任務也就會迎刃而解了。

第二，要先考慮主要情況，一些特殊情況可以先放下。

很多人在考慮問題的時候，總是喜歡追求完美，想一下子能夠把所有的問題都解決，但是實際情況卻並不容易做到，因為我們每個人的精力是有限的，而且工作的時間也是有限的。如果過於追求完美，就很有可能導致主要的問題遲遲不能夠得到解決。

不要制定太多的目標

作家愛默生認為：「生活中有件明智的事，就是精神集中；有一件壞事，就是精力渙散。」如果一個人想法太多，或者是想要實現的目標太多，那麼自然是無法做到精神集中，從而導致精力渙散。所以，目標太多跟沒有想法、沒有目標其實是一樣的效果。

想法太多的人經常會因為目標太多而停留在空想狀態，最終導致自己不能夠專注的去做事情，不能把時間和精力用於實現某一個具體目標上。這種行為其實是造成一個人事業失敗的重要因素之一。如果一個人想做的事情過多，那麼結果常常會不盡如人意，最終會一事無成。

導致這種想法太多、目標太多的人從成功走向失敗的根本原因就在於，目標太分散以至於無法專注集中任何一個目標。

成功的大門永遠會朝著那些有目標，而且專注並為之努力的人們敞開。有目標、有努力方向的人，他們知道自己應該向著何處前進。沒有目標，或目標太多，自然就不能夠迅速的前進。有人曾說：「如果你不知道你是往何處去的話，就不會達到什麼特殊的目的。」

皮膚白皙、英俊瀟灑的李軍從小就是一個游泳高手，經常參加比賽。

「從很小開始，別人就從兩方面來看我。」他回憶說，「一方面看我是誰，一方面看我有怎樣的表現。我總是因為優秀的比賽成績而獲得別人的誇獎。」

所以，李軍開始了不斷追求成功的人生歷程。李軍的事業是從一幢建築物開始的，然後變成兩幢。到了後來，李軍的名氣越來越響亮，而他的業務不斷向房產之外的領域擴充發展。之後，李軍的事業更是擴張到了連他自己都沒料到的地步。

李軍兼營製造業、經紀業務、物業、旅館經營、公寓改建等，任何一個行業李軍都想插手。他覺得非常興奮，甚至認為沒有什麼是自己做不到的，所以他總是想去試探自己能力的限度。

李軍經常會在早上起床之後，尋找報紙上刊登的關於自己的資訊，他感覺很舒服。再看一遍，感覺更舒服。李軍認為自己的事業越大，涉足領域越多就越好。

然而有一天，銀行打電話通知李軍，他的公司過度膨脹，導致了嚴重的資金問題，資產抵押貸款也已經到期了，要求，償還貸款。商界的神話李軍一下就垮掉了。剛開始李軍責怪每一個人，把這些錯誤都歸咎於銀行、社會經濟形勢，或者是公司員工身上。

直到最後李軍終於意識到是他自己太自私了，自己走得太快、太遠，不知道自己的能力是有一定限度的。面對新機會的時候，他從來不會說：「這類生意我不做。」反而總是說：「為什麼不做？我什麼生意都做。」

李軍的弱點就是因為自己好大喜功。每一件事情都想做，結果無法把精神集中在某一件事情上面。李軍發現自己的失敗正是在於想法太多，目標過多，不能夠集中精力做好本來應該做好的重要事情。於是，李軍對自己的商業經歷進行了認真的反思，他開始重新制定目標，選擇自己擅長的行業，然後集中精神去做。

李軍之後專注於自己最擅長的行業——房地產開發。由於他專心的經營，經過幾年的打拚，他的事業逐漸有了起色。現在的李軍再一次成為了億萬富翁，只不過他對自己能力的限度了解得更加清楚了。

如果現在李軍身邊的朋友還有誰對他說：「經營健身俱樂部的生意好像挺不錯的。」他就會馬上阻止自己說：「誰要去做這種生意？我已經有我的賺錢行業，根本不需要做這種生意。讓別人去做好了。」如今的李軍已經不再好大喜功了。

其實透過李軍的經歷，我們不難看出一個人的一生當中失敗的原因有很多，比你所能夠想像到的還要更多。但是有一條是需要我們牢牢記住的，總是空想，目標太多，會使你精神不集中，精力渙散，最終導致失敗。

第八章 消除壓力：輕鬆擁有每一刻

正確緩解壓力，才能有行動的積極性

壓力是柄利刃，對於心智不成熟的人來說，遭遇壓力便會失去工作的熱忱，繼而導致工作的失敗；但是對於那些意志堅強的人來說，壓力是幫助自己成功的梯子。無論你是否成熟，只有正確緩解壓力，才能擁有更強的積極性，去處理好工作。

如果你長期籠罩在高度壓力之下，不僅會讓你整天萎靡不振，更會讓你深陷焦慮、拖延等惡性心理循環中，對你的工作和個人生活造成深遠的惡性影響。

劉曉是一家外國企業的人事部職員，由於工作清閒，使劉曉對工作提不起任何精神。但是近一個月以來，正值大學生畢業之際，公司加大了招聘的力度，每天劉曉忙得是天昏地暗。

工作忙了之後，劉曉之前工作所養成的弊病便突顯出來，一來是處理應徵履歷不得當，遭到上司的

批評；第二，在發郵件給應聘者的時候，更是將幾個人的地址搞錯了，因此浪費了上司的時間和公司的資源；此外劉曉還開始出現了拖延的小狀況，上司交給她的工作，劉曉常常要隔一天才能完成，完全沒有效率可言。

對於劉曉工作上的失職，雖然公司沒有給她什麼處分，但是劉曉卻陷入到深深的自責之中。長此以往，劉曉漸漸開始發現同事總是在她不注意的時候議論她，這樣一來她工作的時候開始恍惚起來，總是出現紕漏。

兩個月之後，劉曉被資遣了，她非常傷心。

「不懂得化解壓力」可謂是劉曉最終被辭掉的導火線，遭遇到來自工作的壓力之後，劉曉不僅開始出現拖延，更不會化解壓力，對壓力不置可否、不管不問。這樣一來，試問劉曉怎麼可能不被炒魷魚？只有緩解壓力，才能積極行動起來。

有一個經濟學理論能有效說明這個問題，即「戴蒙德理論」——「失業者失業過久，工作技能就可能出現退化，所以他們很難再找到工作」。對於工作上所遭遇的壓力來說，這個理論同樣適用，遭遇壓力過久，如果不能及時處理，壓力將會越來越肆無忌憚，對一個人的影響也就越大。

想要成功化解壓力，可以遵循以下三步，相信這三步將是你對抗壓力的利器。

第一，保持常態

顧名思義，「保持常態」所說的是當遭遇壓力的時候，應該保持平時工作的標準，按照以往的工作步伐繼續進行工作。在這個過程中，最忌諱的就是暫停工作。一旦暫停手中的工作，你的腦袋便會受困於這個壓力，而情緒更會自然而然的煩躁起來，這樣勢必會導致你不能及時完成手頭上的工作，造成拖延。

保持常態在處理壓力問題上非常奏效，它除了會捍衛你的思路，不被壓力所干擾，也能促使你的思路清晰，對接下來的順利工作也能起到一個鋪墊與引領的作用。

第二，學會訴苦

訴苦是一種變相的需求，它會帶領被壓力纏繞的你成功擺脫壓力。在西方，關於傾訴有這樣一個諺語：「傾訴可以幫你分享快樂、分擔憂愁！」傾訴一份快樂，你便能夠把一份快樂變為兩份；傾訴一份憂愁，你可以把一份憂愁變成半份。

當被籠罩在高壓之下，每個人都會覺得自己是世界上最可憐最倒楣的人，不僅沒有人可以完全體會自己的悲慘心情，更不會有人來真正理解自己。

這個時候，緩解壓力的第二步便是找人訴苦，最好的緩解心中鬱結的途徑就是傾訴，找人訴苦是一個表達訴求的過程。

但是需要注意的是，不是每個人都適合聽你傾訴，尋找傾訴的對象非常重要。傾訴的對象可能是你的親人、知己朋友，也可以尋求專業人士的幫助。

不可否認的是，向你的至親朋友傾訴，他們會出於愛護的目的站在你的立場上給予你情感上的支持。但是傾訴的效果始終不及向專家尋求幫助來的有效，專家會在聽你的傾訴過程中，找到你壓力的來源，從而給你專業的疏通建議。

在這裡需要提醒你的是，即便你深感高壓之際，同事永遠是你的傾訴雷區，切不可向你的同事訴說自己在工作上所遭受的委屈，這樣不但不會使心靈上得到慰藉，更會導致負面的效果。

第三，轉化壓力

緩解壓力的最後一步就是轉化壓力，即將你的注意力從壓力上成功轉移。我們在求學階段學過這樣一個理論，即凡事都要經過發現、研究、解決的過程，在轉化壓力這個層面上，發現、研究壓力的來源才能解決壓力、緩解壓力。探究壓力的來源，我們不難發現一般情況下壓力的來源有三：一是即將發生的事引發，二是被壞的事情所影響，三是心理平衡被破壞。

其實我們完全沒有必要為了沒發生的事而產生任何壓力，只要想想這件事的最壞結果是什麼，心裡便會釋然。其次我們更沒必要為壞的事情而擔憂，壞的事情已經發生，為其勞心傷身只是徒勞。遭遇那些令我們心理失衡的事件，只要我們換個角度，便可豁然開朗。

當壓力襲來，如果你將其視為一個亟待解決的問題的話，你的注意力會完全被束縛在壓力的負面影響上，在不知不覺間將會加劇壓力對你的侵害。這個時候，你最好將壓力看為一種挑戰，將壓力轉化為挑戰的過程，就是化解壓力的一種方式。

相信透過這三步，在遭遇壓力侵害的時候，你一定會採取積極的方式來化解。

適當壓力對我們有激勵作用

古人說：「水能載舟，亦能覆舟。」意指無論任何事物，得當的使用便會帶來有利的結果，反之則會出現弊端。在現代社會，壓力就像是「水」，既能覆你達日暮途窮，也能載你抵鯤鵬展翅，前途無量。這其中的奧祕，只能靠你自己掌控。但請相信，生活需要適當的壓力，這樣才能對你產生激勵。

現代社會是「快節奏加上高壓力」的組合，在這樣一種社會生存，每個人都勢必會產生負面的情緒和壓力，公司的高層會思索怎樣拓寬公司的經營模式，普通的員工想著如何在激烈的競爭中脫穎而出，即便是那些已經退休的員工也會被孤獨常伴左右……總之每個人都有自己的壓力。

有的人將壓力比喻為魔鬼與天使的綜合體，這種比喻非常形象化。如果你把壓力憋在心裡，壓力就是魔鬼，騷擾你、折磨你、侵害你；反之如果你將壓力轉化為動力，那麼壓力就是你的天使，帶你走向一切美好。

許許多多處於不同年齡段的人都背著沉重的壓力；中年人面臨著工作、家庭上的壓力，大學生走出校園後面臨求職、自食其力的壓力；而身為學生，則面臨著來自學校、父母、老師的壓力，日夜都沉浸在瑣碎繁雜的學習之中。可是，即便如此，我們也不能夠怨天尤人，自暴自棄，逃避這些壓力，只為偷得一時的清閒。

縱觀古今中外，我們就會發現，很多英雄豪傑、仁人志士正是在壓力的驅使下激發出了自己的潛能，從而成就了偉業。

當年，項羽破釜沉舟，在已經沒有任何退路的情況下和士兵們背水一戰，結果軍隊的鬥志昂揚，很快就瓦解了鉅鹿城的被包圍。項羽從此便名聲大震，這為他後來成為西楚霸王打下了基礎。

明代的著名將軍于謙在一次戰役中被異族大軍重重包圍，當時的他臨危受命，調兵遣將，運籌帷幄。對於那些投降派的嘲諷他就當做沒聽見。那時，整個大明王朝的命運的確是岌岌可危，大家幾乎都將希望寄託在他的身上。這就要求他的這一仗必須要勝利。承受著如此大的壓力，他沉著冷靜的指揮，終於打退了敵軍，保住了大明王朝的命運，從而為戰役史上增添了光輝的一頁。

上述的兩位古代的英雄豪傑，就是撐著壓力讓軍隊士氣高漲，讓士兵充滿鬥志，從而戰勝對方，取得勝利。

周杰倫早已經紅遍了流行樂壇，他以自己獨特的作曲風格與方文山那溫文爾雅的中國風歌詞讓眾多的歌迷都為之傾倒。現在的他風光無限，可是當初，他只是一家餐廳裡的鋼琴師。

有一次，吳宗憲說只要周杰倫能在十天之內創作出幾十支曲子，他就幫忙替周杰倫出個人專輯。周杰倫為了自己的音樂夢想，即使這個要求看似根本就不可能完成，但他還是背負這個壓力，夜以繼日的寫歌，廢寢忘食，最終達到了吳宗憲的要求。後來當他的專輯問世，便受到了音樂愛好者的好評。從此，他便步入音樂界一飛沖天。

周杰倫的成功與吳宗憲所給予的高壓有著不小的關係，也正是在這樣的壓力之下，他的潛能被激發，所以完成了任務，最終實現了自己的夢想。

由此可見，壓力對人們的成長是多麼重要！倘若一個人整天都只想放鬆，而不想撐著壓力去努力，那麼他最終就會被社會所拋棄，一事無成。

關於壓力，加拿大著名醫學教授曾經說過「壓力是人生的燃料」，他是在提醒我們：一味的認為壓力只能給我們帶來壞的影響是非常片面的，無論何種情況，我們都應該去開發壓力中的有利因素，並且嘗試去達到成功。

物理學中有這樣一條定律：「力的作用是相互的。」不可否認壓力有其破壞性，但同時它也有著非常積極的促進力量。壓力可以引領你去冒險，適度的冒險不僅可以增強人的體質，更會激發你心中的冒險精神，戰勝壓力。

其實只要透過巧妙轉化，我們所遭受的壓力就能夠激發我們的熱情和潛能，甚至會創造比以往更高的效率。

俗話說「有壓力才有動力」，壓力對我們每個人來說都是存在的。其實我們身邊發生的事情本身都是具有兩面性的，會有什麼感受來源於我們對事件的看法和評價。

如果你經常把事情想像成是好事情，能夠感恩的心態去看待發生的事情，壓力和不愉快就會少很多；如果你經常把事情想像的很糟，甚至比實際還要糟，那麼就會產生很多的不快樂，這都是我們自身感知系統的慣用思維模式所造成的，而這種模式的形成，源於出生後我們所經歷的一切。

你是「工作狂」嗎？

職場上每個人都希望用自己絕佳的工作表現來贏得老闆的關注、優渥的薪水以及更高的成就，但是一味拚命工作會使你與「工作狂」畫上等號。在現代社會，工作狂應該算不上是一個褒義詞。如果你深陷工作狂的沼澤，那麼這裡要告訴你的是：「工作不是你的一切，你要學會放鬆。」

投身職場，有的人三天打魚兩天晒網，結果可想而知，不能按時得到基本生活保障的同時，更會失去個人的職涯發展，可謂「賠了夫人又折兵」。既然偷懶不行，那麼拚命工作是否就一定是正確的呢？那倒也未必。

有的人全身心投入到工作當中，白天拚命工作，下班了身體雖然回了家，可是腦子裡還想著公司的事情，這樣一來自己得不到良好的休息，結果也是得不償失。試想一下，身體是革命的本錢，如果你不能保證自己身體的良好運轉，又怎麼能保障白天的工作精力呢？

讀到這裡，有的人也許產生了疑問，偷懶不行，拚命工作也不行，到底應該怎麼辦？凡事都有一個分寸，過了這個分寸便與自己的初衷背道而馳。如果你是一名不折不扣的「工作狂」，那麼看看下面的事例，也許會對你有所啟示。

賈麗大學畢業之後，沒有聽從家人考公務員的安排，而是選擇加入到直銷行列中，成為一名化妝品推廣員。從事銷售工作，賈麗非常努力，白天向潛在客戶推銷，下班之後更是不得一刻清閒，顧不上吃飯就趕緊打開電腦，開始尋找潛在客戶，常常忙到半夜才睡覺。

如此勤奮的賈麗自然達成了很多交易，但是不能否認的是，賈麗顯然為此付出了代價。朋友聚會想叫上賈麗，打電話給她才知道，因為操勞過度，賈麗住院了。原來賈麗一直貧血，參加直銷之後每天都圍著「業績」轉，忽視了自己的身體。

朋友到醫院看望賈麗，誰知她正拿著電話問客戶為什麼不購買自己的化妝品。等她掛了電話，朋友勸她別再這麼拚命了，誰知賈麗說：

「怎麼能不拚命，自己一個人在外面生活，我得養活自己啊！你不知道，做銷售你不前進就等於退步了，我住院的這段時間，已經失去了很多潛在客戶，我恨不得馬上去拜訪尋找客戶，把業績升上去……。」

看著賈麗的嘴一張一合，朋友甚至開始可憐賈麗，那麼拚命工作，以自己的身體作為代價，多不值得啊！

如果你像賈麗一樣，每天被工作牽著鼻子走，那麼請工作狂的你也適量降低自己的工作強度，學會關心自己的身體。

毋庸置疑，沒有人不希望自己在工作上有所建樹，並且為之奮鬥打拚。但是你想過嗎？一旦你的大腦每天從早到晚都在思考工作，那麼工作壓力便「應運而生」，這顯然不是你所願意的，充滿壓力的職場誰都不願意待。

想要消除壓力，你必須懂得思考這樣一個問題：「工作是我的一切嗎？」

是的，工作是你的一切嗎？

大島公司是一家日資公司，強調高效，所以從上至下總是充滿一種緊張高壓的工作氛圍。雖然擁有了高效率、高業績，但是時間一長，公司老闆發現自己的員工總是處於一種萎靡的狀態之中，隨之而來的便是公司的業務量驟減。於是老闆請來了一位心理諮商師，希望可以找到其中的原因所在。

員工們按照諮商師的要求，紛紛來到公司的產線，就座之後，諮商師說：

「我今天只送給大家一個問題，在過往的人生經歷中，對於你們來說什麼是最重要的？」

諮商師話音剛落，底下的員工馬上一陣嘩然，心想這諮商師也沒什麼能力嘛，問這種問題。但是儘管心裡有其他的想法，員工們還是說出了自己的答案，有的說理想、有的說家庭、有的說睡覺、有的說快樂……可以說答案層出不窮，而且分外有趣。

看著大家的情緒愈發高昂之後，諮商師說：

「你們能幫我一個忙嗎？誰能告訴我，在大家的答案之中的前三名是什麼？」

員工們經過一小段的討論之後，表示對他們來說最重要的分別是：家庭、朋友和健康。

當答案明確之後，諮商師說：

「原來對於你們來說，工作一點都不重要啊……。」繼而將臉轉向大島公司的老闆，說：「快看你們老闆的臉色，他現在一定非常生氣！」

話音剛落，員工們開始大笑起來。這時諮商師趁熱打鐵的說：

「聽我說，工作只是為你賺取生活費的一種途徑，所以從此之後你們不要再拚命了，保重好你的身體才能在職場上創造更高的價值。記住了嗎？」

底下的員工紛紛點頭。

無論你是公司的高層、普通職員，亦或是一名自由的SOHO族，相信家庭、朋友和健康一定也是你的首三選擇。

當你再變身工作狂的時候，你可以用這個問題來警示、提醒自己，並且告誡自己：「工作只是為了輔助自己人生，它永遠不可能是我的全部，所以放輕鬆一點工作吧！」

陷入低潮時，要記住這是上帝給你的假期

古人云：「進則有為，退則修身。」意指做人做事，入世之時必須做到有所作為、有所建樹，而出世之際也要修養身心，以待時機成熟，再入世時便可開疆拓土。在現代這個高速發展的社會裡，這句話依然適用。也許現在的你正在深陷人生低谷，但請告訴自己：「這是上帝給我的一個假期，讓我『修身』，以待時機成熟再次『有為』！」

無論是生活、還是工作中，世人皆會因遭遇某種挫折而深陷低潮。在很多人看來，處在低潮期非常糟糕，這個時候諸如「我怎麼那麼倒楣啊」、「我的運氣真差」、「我的命運真慘」……此類的洩氣話便成了平時的口頭禪。

在他們看來，一些不可人為控制的因素是導致自己挫折的終極因素，將一切過錯推到命運身上。實際上這是極其不可取的，一味的怨天尤人將會使自己的處境越來越糟。既然如此，遭遇挫折、深陷低潮期的我們應該怎麼辦呢？

曾經有這樣一個寓言，一頭驢子不小心掉進了田地中的大洞裡，主人見洞很深，驢又老了，並沒有找人把驢子救上來，而是轉身就走了。驢子很傷心，心想自己為主人工作了一輩子，現在自己落難主人也不拉自己一把。

村民們見驢子的主人都不想救驢子，誰也不愛管閒事，於是紛紛落井下石，將自家田地裡的垃圾都往驢子身處的洞裡扔。

這下驢子更加難過了，日子就在驢子自怨自艾的悲憤中一天天度過。但是從這些垃圾之中，驢子嗅到了食物的味道，於是牠開始吃垃圾中可以吃的食物，並且將那些徹底廢棄的垃圾踩在腳底下。日復一日，驢子不僅沒有老去，並且開始越來越接近洞口的地面。

驢子每天都提醒自己，還有兩公尺自己就能「重返人間」，還有一公尺了、還有半公尺，馬上就可以回到地面了……終於有一天，驢子靠村民丟棄的垃圾生存下來，並且感謝上帝！這頭驢子的蹄子更加有力了，身體也更加健壯。

寓言中驢子就像是深陷低潮的我們，初逢挫折，誰不是自怨自艾呢？但是我們也可以像驢子那樣，尋求「垃圾」中的精華——挫折中的經驗教訓，繼續成長，尋求提升自己的步伐。

當陷入低潮時，首先我們要告訴自己這是正常的。沒有一條人生之路是一路暢通、平坦，毫無荊棘、坎坷的，翻閱史書、人物傳記，沒有一個成功的人士一開始就擁抱成功的，誰不曾與機遇擦肩而過？誰沒有受過質疑？誰沒有遭遇挫折？

千萬不可將失敗歸咎於命運，命運之神是非常公平的，古人講「失之東隅，收之桑榆」，就是教誨我們：「即便在某處先有所失，那麼在另一處一定有所得。」

失敗是給你繼續學習的機會，也許是自己的專業學識不夠扎實，也許成事還稍欠火候……無論原因如何，我們大家都應該從挫折、低潮、失敗中學習，讓自己日臻完善。

宋川是在家工作一族，靠畫插畫維生，一直以來宋川都是以日系插圖見長，雖然在家辦公，但是他已經在業界初露鋒芒了，因此來找他為自己的作品畫插圖的人源源不斷。

誰知半年前，一位老主顧打電話給宋川，要求宋川繪畫一系列美系風格的作品。雖然美系作品並不是宋川的強項，但是宋川並不想失去這位老主顧，於是答應下來。誰知衝動答應為自己帶來了一些不良的後果。

雖然對繪畫有一定的造詣，但是轉繪畫風格還是有很大難度的，要研究用筆、琢磨繪畫技巧，還要創作出自己的特色等等。即使繪畫經驗頗豐，但是經過一段時間後，宋川還是稍感吃力。

最重要的是，在自己研究美系繪畫的過程中，不得不推掉其他繪畫的工作，這樣一來便失去了經濟來源，只能靠自己的積蓄生活。最糟糕的是宋川將自己的作品發給那位老主顧的時候，老主顧否定了宋川的努力，認為他沒有按照自己的要求進行繪畫，本來宋川聽到這裡非常氣憤，但是老主顧的另一番話卻使宋川振作起來：「宋川，我知道你現在可能非常懊惱，不應該盲目衝動的答應我的要求，但是你知道嗎？只要你換一個角度來想的話，沒有我，你怎麼能夠跨一個領域來創作繪畫作品呢？其實現在社會需要的是全才，我交給你的工作也許一開始很難，但是只要你深入學習，相信無形之中會使你有意想不到的收穫。你說對嗎？」

聽了老主顧的話，宋川覺得自己沒有那麼沮喪了，並且開始靜下心來好好創作，終於完成了老主顧託付的工作，更重要的是，使自己的繪畫能力得到了提升。

活在人世間，我們就好像一塊塊石頭——稜角鮮明，但是挫折就好比是一塊鋒利的磨刀石，打磨我們的稜角，有的人經過打磨成為鵝卵石，毫無自己的風格；也有的人被打磨成鑽石，閃耀出專屬於自己的光芒。

深陷低潮而不氣餒，是制勝成功的關鍵。著名心理學家表示：「世界上每一位成功人士的成功都是締造於低潮之中，那些肉體上的痛苦、精神上的壓力都是成功的助推劑，沒有一個人是沒有遭受苦惱隨隨便便就成功的。」

應付糟糕的日子，拿出信心去擁抱希望

卡內基曾經說過：「自信才能成功。」可見信心可以創造奇蹟，如果一個人沒有自信、對人對事缺乏信心，就會陷入無力自拔的狀態。在倍感壓力的境況下，信心可以拉近你與希望的距離。無論何時你都要相信，希望不單單是一種對未來的渴求，更是我們生命中不可或缺的一部分。

我們總是把「好的開始是成功的一半」掛在嘴邊，可是西方的一個哲學家卻說：「擁有自信是成功的一半。」從古至今自信締造了無數的成功人士，李開復就曾經表示：「自信，潛能的放大鏡。」我們總是習慣將自己暫時的失敗歸咎於自身的缺陷，對自己造成危害極大的壓力，卻疏忽過度自責帶給我們的自卑感，從而使我們與成功的距離越來越遠。

孫麗去年因為在學校的優異表現，成功申請到去美國留學一年的機會。美國的都會氣息一直深深吸引著孫麗，因此她非常珍惜這次留學的機會，而且十分興奮。但是令人意想不到的是，這種興奮並沒有持續很久。

臺灣的英語傾向於應付考試教育，對聽力和口語的重視程度和訓練相對薄弱。而孫麗本身來自臺南，平常說話都有濃重的臺語腔調，更何況是在異鄉用另一種語言來交流。這樣一來，孫麗在上課的時候聽不明白老師所教授的課程，下課了也不能用流利的英文跟同學交流，這讓孫麗很沮喪。

時間一長，孫麗開始找各式各樣的藉口蹺課，也不接受任何社團的邀請。更嚴重的是，孫麗漸漸對自己失去信心，後悔來到美國做留學生，並且非常想念在臺灣讀大學的那些日子。孫麗不好意思把這些在異國的遭遇講給其他留學生聽，害怕被他們笑話，幸好同宿舍的漢娜幫助了孫麗。

漢娜來自日本，跟孫麗一樣，雖然會說英語，但是由於日本人的獨特口音，常常被同學嘲笑。但是她並不像孫麗那樣逃避和懷疑自己，在課堂上常常嘗試主動回答老師的問題，並且跟同學加強口語交流，這樣一來不但自己的口語得到了鍛鍊，並且拉近了和同學的距離。

漢娜對孫麗說：「世界上沒有第二個孫麗，所以妳要好好珍視妳自己啊！」這句話深深打動了孫麗，雖然之前也曾經在書上看到過，但是從一個人的嘴裡說出來，孫麗開始審視自己的問題，並且加以改正。

半年後，孫麗不再是那個羞怯不敢在大家面前說話的臺灣女孩，而成為全校最厲害的俚語王，英語聽說能力的提升也讓她變得更加自信，並且擁有了自己的社團。

每個人都有或大或小的心理問題，有的人喜好攀比、有的人愛嫉妒別人……可以說心理問題不盡相同，但是有一種心理問題大家都有，那就是缺乏信心。這個信心有兩個層面，一是對自己缺乏信心，即是缺乏自信；二是對自己以外的世界缺乏信心。

我們姑且先討論一下缺乏自信這個層面，一個人缺乏自信，很有可能與成功失之交臂。上文中的孫麗一定非常優秀，否則無法得到留學的機會，可是她在異鄉卻因語言問題而開始質疑自己，對自己失去信心，導致出現逃避、不敢面對正常生活的現象，後來在漢娜的幫助下建立了自信，開始正視自己的問題。

有句古語說：「勝人者力，勝己者強。」這句話所強調的主體就是自己，它告誡我們：能戰勝別人是有力量的人，而能戰勝自己的人才是強者。這與西方學者法蘭克說過的一句名言有著異曲同工之妙，法蘭克說：「如果你是懦夫，你就是你自己最大的敵人；但如果你是勇者，你就是你自己最大的朋友。」

隨著歷史的車輪滾滾向前，我們發現敵人不再來自外界，而是我們自己，我們靠頓悟戰勝自己心中的狡黠、惡性的心理問題，我們就戰勝了一切、造就了最大的成功。

我們在大街小巷都會發現美國安麗公司的銷售人員，他們會熱情向你推銷安麗公司的產品。即使你非常厭惡這種赤裸裸的銷售模式，甚至表現出厭煩的情緒，笑容都不會從安麗公司銷售人員的臉上消失，更有甚者會更加努力的鎖定你，向你銷售。這源於什麼？正是對公司產品的信心。

他們永遠不會為你的質疑感到不適，取而代之的是耐心的解釋；他們也不會因為你的不屑而信心受挫，相反會報以微笑等待你心情的平復。

很多人鄙視銷售工作，認為那很低微，而在銷售人員的心裡卻相反，銷售不僅不低微，反而是一種非常有意義的工作。因為從事銷售是在為大家提供幫助，幫助大家的生活更加便捷。從心理層面上來分析，銷售人員的心裡之所以會有這樣的想法，正是源於對銷售行業和自家產品的信心。

試想一下，假使我們不相信這個世界、我們所居住的住所，甚至是我們所工作的公司，那麼我們的生活將會出現翻天地覆的變化。恐懼、質疑、懷疑等心理疾病將會占據我們的心，到那時我們又要怎麼正常生活呢？又倚靠什麼來擁抱希望與成功呢？

積極面對壓力，走在尋找幸福的路上

「壓力是彈簧，你弱它就強」，壓力無處不在、無孔不入。在我們與壓力對峙的過程中，一旦我們消極怠工，便會給壓力大步向前的機會，那樣對我們的傷害更大。如果我們積極一些，遇強更強，我們會赫然發現幸福就在我們腳下。

其實壓力存在於我們的生活與工作中，大考當前誰不擔心？於是壓力如影隨行；跳槽到了一家新公司，擔心不能迅速融入公司當中，壓力悄然為你打著退堂鼓；快到發薪的日子，業績仍沒有達到上司的要求，誰不擔心？壓力在侵蝕意志……。

雖然高門檻可將人拒之門外，但是「門檻」跨過去是道門，是個機遇，離成功更進一步；跨不過去它才是一道檻，將我們澈底與成功絕緣。仔細思考一下，壓力也是一道門檻吧？也是我們的機遇吧？面對壓力之門，一旦我們採取積極的姿態，將壓力踩在腳下，便會擁有幸福，不是嗎？

布蘭妮是一位年輕的天才歌唱家，曾經有一次，一家唱片公司向她發出了邀請，請她出演一齣歌劇。這次演出的確非比尋常，所以她有點緊張。在此之前，她曾有好幾次在導演面前試唱的機會，可是都失敗了。因為那幾次失敗讓她感到痛苦不堪，每經歷一次失敗，都會加重她內心的恐懼，所以，在下一次試唱的時候她就感到背負著更大的壓力。

當然布蘭妮的嗓音非常好，但是因為壓力大，所以她每次都很懷疑自己，總擔心自己試唱的時候會在中途出現問題。同時，她還懷疑自己難以入戲，也擔心導演不喜歡她的嗓音。就這樣，形成了惡性循環的她心理壓力很大，覺得自己可能完成不了任務，結果，在她演唱時就不知不覺的把這種觀念變成了現實。

於是，布蘭妮便去找心理醫生進行治療，心理醫生讓她嘗試著用積極的自我暗示來對抗消極的自我暗示，讓她在每天早晚分別進行一次訓練。在訓練的時候，找一間安靜的小房間，在小房間的中央放一把椅子。然後坐在上面，閉上眼睛，讓全身放鬆，讓自己的身體和心靈都在此時此刻歸於平靜。然後對自己說：「我的歌聲很動聽，我的儀表很優雅，我能成功完成任務。」

按照心理醫生的指點，她每天都堅持做這樣的訓練，經過了為期一個月的訓練，她那龐大的壓力終於減輕了，讓自己的自我暗示發揮了正向作用，在那場關鍵而重要的演出中，獲得了空前的成功。

布蘭妮剛開始的幾次失敗，正是因為壓力太大而造成的，而後來經過了一系列的訓練，漸漸減輕了壓力，增強了信心。所以也取得了成功。

我們面對人生，就應該保持一顆正向的心態，擁有適當的壓力對我們而言是有益的。徐靜蕾曾經說過：「人應該放開了去做，再去選擇和放棄。」很多人將這句話解讀為：「人應該不撞南牆不回頭。」其實，這句話是在向我們強調：「無論面對什麼，我們都應該積極應對，那樣才能掌控主動權。」

在迎戰壓力的時候，我們必須採取積極的姿態。民間流傳著這樣一句話：「一個人，如果你不逼自己一把，你永遠不知道自己有多優秀。」從與壓力戰鬥中我們不難發現，壓力對我們來說具有深遠的良性意義，因此從壓力對我們的困擾中去發現正向的東西，是我們面對壓力的重中之重。如果我們能化被動為主動，去管理壓力，將會給我們帶來意想不到的效果。

管理壓力的祕訣就是「積極」二字，那麼我們究竟應該怎樣積極逼自己迎戰壓力呢？

第一步，我們要直面壓力。

在面對壓力的過程中，正面直視壓力是非常關鍵，同時也是非常奏效的一步，它會幫助我們給壓力一個下馬威，繼而激發我們身體中的動力和勇氣。

第二步，尋找壓力產生的原因。

壓力不會空穴來風，它是有原因的，在這個層面上來分析壓力其實是一種信號，它在提醒我們在處理某些事件上有些偏頗，或者是應該提升自己的能力，增強自身的力量等等。

第三步，發揮個人的主觀能動性去適應壓力的存在。

既然壓力是在催促我們成長，那麼我們一定要適應壓力的存在，在這個基礎上尋求壓力的正面意義，並且加以改正。

現代心理學家建議大家，在面對壓力的時候應做到不畏強手、積極打拚，只有這樣才能對抗壓力，並且增強自身對壓力的承受力。

釋放壓力，舒緩緊張心情

無論你是否相信壓力正潛伏在你的四面八方，它都在等待你懈怠的時候拜訪你，打散你的積極性。這時的你別無選擇，釋放壓力才是王道，只有澈底舒緩緊張的心情，才能重新擁抱成功！

當我們身邊很多人被生活、工作甚至於來自人際關係等方面的壓力圍繞的時候，只有採取正確的方法釋放壓力，才能產生一種積極的力量來繼續前行的步伐。如果任由壓力橫行霸道，那麼它一定會變本加厲的繼續危害我們的身心，那個時候解決起來難度將大大的增加。

那麼究竟應該怎樣從壓力中解脫出來呢？我們建議大家進行五個方向的練習：第一調節呼吸、第二學會睡覺、第三注意飲食、第四適度運動、第五開發興趣。

第一，調節呼吸

如果你試著調節呼吸的方式，你緊繃的肌肉將會得到放鬆，從而舒緩緊張的情緒，達到釋放壓力的功效。

此外呼吸的形式還包括：深呼吸、規律呼吸以及睡眠呼吸等。

顧名思義「深呼吸」就是在吸氣的時候，先鼓腹部再擴張胸部，使胸腔和腹腔都處於飽和的狀態，最後逆序呼出氣體的呼吸方式。

規律呼吸要求我們摒棄嘴而採用鼻子呼吸，先行走三步用鼻子吸氣，然後再走三步用鼻子將氣呼出，規律呼吸要求我們一直保持步伐和呼吸的節奏一致。

睡眠呼吸講究一個「慢」字，即慢慢吸氣，再慢慢呼氣，始終強調的是個人的舒適度，這種呼吸方式接近於睡眠，所以被稱作「睡眠呼吸」，具有安神的作用。

第二，學會睡覺

睡眠也可以幫助我們釋放壓力。曾經有一項針對大都市白領族的調查顯示：百分之九十五的白領的睡眠品質非常差。

睡覺的時候可以結合睡眠呼吸，腦子不要思考其他的事情，放緩呼吸的速度。此外還要注意手的放置，正確的位置是身體的兩側，這樣不會對身體造成壓力。切忌將手放在腹部和胸部，這樣會為身體帶來壓力。

專家建議睡覺之前可以吃些小點心，這樣可以避免在熟睡的過程中產生飢餓感，但不要食用辛辣食物。如果在睡眠中放點音樂，可以幫助你抵抗環境中的噪音。

專家表示，壓力釋放的速度與睡眠品質成正比，如果睡眠品質很好的話，那麼釋放壓力的速度就越快。只有擁有旺盛的精力，才能抵抗壓力的侵害。

第三，注意飲食

食物是百藥之源，吃對食物可以慢慢釋放我們的壓力，使身心輕鬆起來。如果你深感壓力過大，要注意不要過量食用高能量的食物，比如咖啡、可樂、酒精以及肉製品，一旦這類食物攝取過量的話便會使我們的神經始終處在一個亢奮的狀態之下，無形之中更會給我們帶來壓力。

那麼我們應該多吃什麼呢？想要釋放壓力，在飲食上我們首推魚類和蔬菜，前者含有大量維他命Ｂ；而蔬菜中的維他命Ｃ可以為強化身體抵抗力，抵擋壓力侵害。

此外五穀和水也可以幫助我們釋放壓力，水是生命之源，多飲用水可以幫助我們排出身體中的代謝物；五穀中含有豐富的纖維質和維他命B群，在改善腸胃的基礎上更能抵抗身體的乏力感，能避免身體產生疲倦感。

第四，運動釋放

透過體育鍛鍊釋放壓力效果非常明顯，毋庸置疑體育運動會使人體的能量耗損，但是同時也會使人的大腦忘卻那些煩心事，從而使心靈充滿力量。在以運動釋放壓力時，那些爆發力的運動是你的不二選擇，參與到這種運動當中會幫助你釋放憤怒、緊張和不滿。

當然，那些諸如跳舞的規律性運動也可以幫助人們釋放壓力，人們習慣在規律中尋求安靜與精神的解放，從而達到釋放壓力的目的。

健走是近年來非常流行的運動方式，在強壯身體的同時也可以釋放壓力。健走是介於競走和散步之間的一種運動方式，相對溫和，不似奔跑那般刺激，而運動量又大於散步，強調的是快速行走、大步向前，以此來增強身體的平衡性。

第五，開發興趣

經過一天的繁忙工作，我們總是筋疲力盡，而週末開發自己的興趣愛好可以釋放我們的壓力。

一般來說女性都喜歡逛街，不可否認的是逛街是釋放壓力的一大法寶。在逛街中，女性的視覺得到了滿足，便會將那些煩心的事情忘得一乾二淨。而相對於女性，男性則喜歡讀書，在書中悟出人生真諦和行事準則。

有的人比較外向，喜歡那些戶外運動，像是爬山、旅遊等活動，可以幫助這些人呼吸新鮮空氣，達到釋放壓力的作用。

有的人相對內向，喜歡待在家裡，看看電影、聽聽音樂可以幫助這些人尋求心靈的安慰，當心靈得到了滿足，壓力自然而然蕩然無存。

以上是五個放鬆身心、釋放壓力的方法，大家可以試試，找到最適合自己的方法。

學會休息和娛樂

很多人都有這樣的體驗，當你手裡提著一袋子的東西走路，或者是爬樓梯的時候，最初你並不覺得它有多重，提起來也覺得非常輕鬆；但是當你提著東西走了一段時間之後，你開始感覺到它有一些重量；繼續走，漸漸就會覺得它非常累人；而再繼續走一段時間，你就會覺得它簡直有千斤重，甚至是重到了你已經提不動的地步。

其實，你所提的物品重量並沒有發生任何的變化，所變化的只是你自身的體力。在你的身體已經開始感覺疲憊的時候，你再繼續提著就會感覺比開始的時候吃力多了。

福特說：「只知道工作而不知道休息的人，就好像沒有剎車的汽車一樣，極其危險。」

工作與負重走路的道理是一樣的。同樣的工作內容，在睡眠充足、精力旺盛的時候，你做起來會覺得輕鬆快速；而當你睏倦疲憊的時候，做起來就會非常吃力和耗時。但是我們也並不是要大家都休息，放棄工作。因為福特還指出：「不知道工作的人就和沒有引擎的汽車一樣，沒有絲毫用處。」由此可見，要有效的提高工作效率，除了掌握時間管理的技巧之外，還應該學會適當的休息和娛樂，這樣才能夠保持充沛的精力和良好的體質。

睡眠的作用就在於把人體活動所消耗的能量補充回來，同時為第二天的活動儲備新的能量。

在睡眠期間，人體內會產生大量抑制感染的抗體，有利於人體的生長發育，保持旺盛的工作精力和大腦的健康。而且醫學家研究發現：當人們每天睡眠少於八小時的時候，精神集中程度將下降百分之三十，而且能力的發揮只達到百分之七十六，工作品質也會下降百分之二十。

睡眠是人類維持生命的一種手段。假如晚上沒有睡好，那麼人們將很難做到第二天還能夠精力充沛的工作。

如果休息和睡眠時間太短，就會出現一定的反作用。醫學家發現，每天睡眠四個小時的人，比每天睡眠八個小時的人死亡率高百分之十八；同時，每天工作時間超過八小時，會造成效率的快速遞減。

長時間的工作不僅讓人感到疲勞，而且還會使人養成拖延的壞習慣。白天做不完，晚上還可以做，這種習慣是最容易讓人們失去時機，導致工作失敗的。所以，不管工作多麼有趣，或者多麼緊迫，要保持高效率的工作，就必須適當的休息。

你可以定時休息一下，活動一下筋骨，改變一下周圍的環境，並且充分找到適合自己睡眠的時間和方式，隨後再固定睡眠時間，那麼，你將獲得更多的精力進行工作，工作效率也將得到改善。

工作忙碌、壓力龐大等這些都不應該成為影響睡眠的理由。充足的睡眠能夠讓你提高工作效率，也會讓你更加理性的做出正確的判斷和決定。

阿德勒曾經對美國西部鐵路的建設做出了重大貢獻。他從來不會因為嚴重的突發事件而緊張躁動不安，雖然在這些事情當中，他一直承受著龐大的壓力與責任。

在美國一九〇七年金融市場的那場危機當中，所有的企業都沒能夠倖免。作為一家大型企業的老闆，按理說阿德勒應當是最著急的人物。

一天晚上，阿德勒和一個朋友聚會，分別的時候朋友勸慰阿德勒說：「晚安，我希望你能好好的睡一晚，明天這場金融界的大危機自然就會平安過去的。」

而阿德勒微笑著答道：「我從來都不會因為工作上的事情而影響睡眠的，現在也是如此。」

果然，在第二天早晨吃早飯的時候，人們發現他和平日一樣輕鬆愉快。雖然阿德勒要比別人知道的更加清楚，他公司的事業以及整個美國金融界在這一天會遭到嚴重的衝擊，而且，破壞的勢頭一定來得非常猛烈，可是他認為，只有讓自己得到充分休息，才能有充沛的精力去進行工作，高效率的應對各種意外和危機。

雖然在忙碌的工作當中，為娛樂安排時間聽來有點矛盾，但是這確實是你提高工作效率所必須做的。

結語

時間是公平的，因為每個人每天都只擁有二十四小時，成敗往往取決於對的時間運用上。一個人所擁有的時間雖然很長，但是它總是那樣的轉瞬即逝。

時間是非常公平的，因為它不會拋棄任何人，更不會偏袒任何人。時間更不是貨物，不能被寄存，也不可以先行支付。不努力進取，不充分利用時間，總是處在一種做白日夢的狀態，也就只能渾渾噩噩的度過自己的一生了。

時間似海綿中的水，可以被擠出來

成功人士願意將自己的時間充分利用，將自己的空閒時間縮短、再縮短，會利用別人閒聊的時間背單字；利用別人喝咖啡的時間思考問題；會利用睡眠前的半小時回憶一天之中的經歷。

時間如同海綿中的水一樣，只要你願意擠，總會有的，只要你願意充分利用，你就能充分利用，你若能合理的規劃時間，每分每秒都會顯得那樣充實。

一個人，若是將一天的時間交給上網、聊天，可想而知，這個人是多麼無聊、空虛啊！他的生活如同泡沫中的幻影，泡沫散開了，一切也就消失了，一無所得。

達爾文每天只睡幾個小時，將自己應該睡眠的時間安排得非常合理，將其他的時間用於研究和思考，最終，達爾文成了著名人物。他的研究與發現舉世聞名。

對的時間做對的事，才能成功

有些事情，並不是時時刻刻都能做的，做的時間不正確，也會導致失敗。比如，十年前，股票行情非常好，但是只有少數人看到了機遇，選對了入場時間，如今，當初買股票的人都富裕起來了。現在的人看到了股票有這樣好的報酬率，也紛紛炒起股來，但是，可以問問身邊的人，是不是賠錢的居多，即便是賺，也沒賺多少。

再比如說，幾年前，房子的價格還不高，在家裡蓋個房子跟買現成的房子的價格相當，當時有人看到了先機，投資房地產行業，賺得過億資產，那些人，如今都已成了榜上有名的富翁。現在，再想買地蓋房子可謂是難上加難了，因為光是地皮的價格、工人的薪水，就比幾年前翻了好多倍，所以，即便是買到了地，沒有幾十億的資產，也是動不了工的。

所要投資的專案的黃金年代錯過了，此時再著手去做，無異於浪費時間，失敗的可能性況且不提，只怕成功之後的所得與自己付出的辛苦相差甚遠。

其實這就好比穿衣服，冬天穿夏天的衣服，肯定是會生病的；夏天穿冬天的衣服，即使不生病，也會渾身不舒服，不能安然度日。想要撿貝殼，一定要等到海潮褪去，漲潮之時，沙灘上滿是海水，如何能看到貝殼？

時間不等人，瞄準了，就入手

時間轉瞬即逝，就像機遇那樣，這一刻的機遇尚在，下一刻機遇便已不復存在。時間也是如此，而且時間與機遇是並存的，好的機遇不過是遇到對的時間。

在某個時間看到了好的機遇，一定要及時抓住，不能左顧右盼浪費時間，因為這樣做只會讓機遇如同到手的魚兒一樣「嗖」的一下了就溜走了，再想抓住同一條魚可就難上加難了。

對的時間，瞄準了你想要的，要及時入手，才能讓這有限的時間得以昇華，否則，有限的時間只會如同西去的黃鶴，從此一去不返。

確實，時間與機遇並存，存在手裡的瓷器，十幾年前一文不值，十幾年後的今天價值連城，不趁著現今穩定的行情出售，家中的保護意識又不強的話，很可能到了第二天就不小心打破成了一堆破爛瓷片。

錯過機遇的人往往是懦弱的，他們不敢相信自己的機遇，所以顧慮連連，怕這個又怕那個，明明是很好的機遇，晴朗的天空，他們偏偏要猶豫再三，最後決定不出門，就這樣，錯過了一次日光浴，就這樣，錯過了一次成功的機會。

對的時間很短，展現著競爭

正是因為對的時間太短，能決定成敗的時間太短，所以才會有很多人在與時間競爭，因為有競爭意識的人還不在少數。

對於同一個公司需要的同樣的企劃書，你比別人先完成一個小時，比別人提前一個小時將企劃書遞交到公司的手中，你的企劃書被採用的機會就會比旁人大了很多。

求職也是如此，你要時刻提醒自己，有太多的人盯著自己的職位了，如果自己錯過了這個最佳努力時間，很可能就錯過了這個心儀已久的職位。不要在關鍵時刻懶惰，這樣只會讓你的未來上司覺得你懶惰，覺得你不可用。

學習更是如此，很多人都在抓緊時間學習英語，學好一門外語是非常有用的，但是很多人都錯過了最佳學習時間。調查發現，英語成績好的學生絕大多數從六歲以前接觸英語，有的甚至在兩三歲就開始接觸英語；而英語成績不好的學生通常在十二歲之後才真正接觸英語。其實，孩子最佳的學習語言的年齡就是六歲以前，錯過了這個年齡，並不是說日後就不能學好英語了，而是要比別人多付出十倍百倍的時間和精力。

時間錯了，輸在起跑線上了，再想追回來，需要付出的努力可能會讓你覺得不值得，也不想去追。很多對手都在盯著你所看重的這段時間，你要比別人提前一點，再提前一點抓住它，才能在競爭之中成為勝利者。

管好時間，才能成功

一個人能否成功，關鍵就在於他管理時間的能力，很多人管理不好自己的時間。我們都知道，成功人士是很忙的，他們會將自己的時間安排得滿滿的，絕不會做無謂的事情，這就是他們成功的主要原因。

一個成功的人，整天都會很忙碌，但是他不是瞎忙，而是很有效率的忙。用時間管理的方式來達成他們為自己制定的目標，他們會在目標設定好的時候擬定詳細的計畫，這樣的時間管理效率是最高的。

成功並不是一步而成的，每天進步一點點，每天學習一點點，每天將計畫做得詳盡，就會逐步邁向成功。

時間就是生命，寸寸光陰寸寸金，掌握好自己的時間才能掌握好自己的生命。一個人能否成功，關鍵要看他一天二十四小時都做了什麼，做事的效率有多高。而時間管理的重點就是要懂得分配時間，讓每分每秒都發揮出它的龐大潛力，一個人若能用更短的時間實現更多目標，成功也就指日可待了。

時間管理大師！馭時間，做自己：

拖延症處方箋，面對理直氣壯的薪水小偷，請施打一劑特效藥

作　　者：蔡賢隆，姚俊
發 行 人：黃振庭
出 版 者：沐燁文化事業有限公司
發 行 者：沐燁文化事業有限公司
E-mail：sonbookservice@gmail.com
粉 絲 頁：https://www.facebook.com/sonbookss/
網　　址：https://sonbook.net/
地　　址：台北市中正區重慶南路一段 61 號 8 樓
8F., No.61, Sec. 1, Chongqing S. Rd., Zhongzheng Dist., Taipei City 100, Taiwan

電　　話：(02)2370-3310
傳　　真：(02)2388-1990
印　　刷：京峯數位服務有限公司
律師顧問：廣華律師事務所 張珮琦律師

定　　價：320 元
發行日期：2024 年 06 月第一版
◎本書以 POD 印製

國家圖書館出版品預行編目資料

時間管理大師！馭時間，做自己：拖延症處方箋，面對理直氣壯的薪水小偷，請施打一劑特效藥 / 蔡賢隆，姚俊 著 . -- 第一版 . -- 臺北市：沐燁文化事業有限公司 , 2024.06
面；　公分
POD 版
ISBN 978-626-7372-56-2(平裝)
1.CST: 時間管理 2.CST: 工作效率 3.CST: 成功法
177.2　113006783

電子書購買

爽讀 APP　　臉書